I0045774

LETTRE
DE M. GODEHEU
A M. DUPLEIX;

MÉMOIRE
A CONSULTER,
ET
CONSULTATION;

PIÉCES JUSTIFICATIVES,
ET
Extraits de quelques Lettres de M. GODEHEU
à M. SAUNDERS.

A PARIS,
De l'Imprimerie de MICHEL LAMBERT, rue & à côté
de la Comédie Françoise, au Parnasse.

M. DCC. LX.

A^{ll} N°. 277.

15818

MÉMOIRE A CONSULTER.

LETTRES ET PIÉCES JUSTIFICATIVES,

POUR le Sieur GODEHEU,

CONTRE le Sieur Dupleix.

USSI-TÔT que le Mémoire de M. Dupleix parut imprimé, un mouvement naturel me détermina à lui écrire cette Lettre pour détruire les fausses idées qu'il avoit voulu répandre de moi dans le Public, & qui alloient être consignées dans toutes les Bibliothéques. Mais au moment que j'allois la faire imprimer, une réflexion me retint, & modéra l'impatience que j'avois de me justifier de tout ce qui m'est personnel dans ce volume immense; je crus qu'il seroit plus flatteur pour moi de voir que ma défense seroit jointe à celle de la Compagnie des Indes dans le Mé-

A

MÉMOIRE A CONSULTER.

LETTRES ET PIÉCES JUSTIFICATIVES,

POUR le Sieur GODEHEU,

CONTRE le Sieur Dupleix.

USSI-TÔT que le Mémoire de M. Dupleix parut imprimé, un mouvement naturel me détermina à lui écrire cette Lettre pour détruire les fausses idées qu'il avoit voulu répandre de moi dans le Public, & qui alloient être consignées dans toutes les Bibliothéques. Mais au moment que j'allois la faire imprimer, une réflexion me retint, & modéra l'impatience que j'avois de me justifier de tout ce qui m'est personnel dans ce volume immense ; je crus qu'il seroit plus flatteur pour moi de voir que ma défense seroit jointe à celle de la Compagnie des Indes dans le Mé-

A

moire qu'elle a rédigé. Il y a long-tems que ce Mémoire auroit paru, fi des raifons d'Etat n'en avoient
pas fufpendu l'impreffion.

Cependant la prévention que le Mémoire de
M. Dupleix a fait naître, fubfifte : inftruit des
réflexions défavantageufes qu'il ne ceffe d'occafion-
ner à mon fujet ; incertain d'ailleurs du tems auquel le Mémoire de la Compagnie paroîtra, on
ne doit point être furpris fi je me fuis enfin déterminé à rendre cette Lettre publique.

Il a pu être permis à M. Dupleix de com-
pofer un Mémoire fur l'affaire d'intérêt qu'il a
avec la Compagnie des Indes ; mais il feroit injufte qu'il eût le droit de s'écarter de fon objet,
pour m'attaquer, fi je n'avois pas celui de me
défendre & de repouffer les traits dont il cherche
à m'accabler, fur-tout quand je ne me fuis attiré
fa haine que pour avoir exécuté les ordres du Roi,
& m'être conformé aux Inftructions du Miniftre
& de la Compagnie des Indes.

LETTRE DE M. GODEHEU

A M. DUPLEIX.

JE croyois, Monfieur, que votre départ de Pondichery auroit mis fin à la correfpondance que nous eumes fur les lieux.

Tous deux de retour en France, pourquoi me forcer à mettre encore la main à la plume ? Que ne m'oubliez-vous pour des objets qui méritent davantage l'attention du Public ? Voulez-vous qu'on penfe que vous vous vengez fur moi de ce que vous n'avez pas eu le tems de regner fur la prefqu'Ifle *de l'Inde* en qualité de *Nabab d'Arcaite*, & de Commandant général depuis le *Krifchna* jufqu'au *Cap Comorin*, fous les ordres du *Souba* du *Dékan* ?

Depuis que votre Mémoire a paru dans le Public, fi vous l'avez relu avec attention, vous avez dû fentir qu'une critique foutenue de tout ce que j'ai dit & fait dans l'Inde, que vos railleries & vos invectives continuelles ne pouvoient jamais rendre votre caufe meilleure aux yeux des Juges & du Public. Il y a même de la mal-adreffe à vous d'avoir mis dans cette affaire tant d'emportement & fi peu d'honnêteté : avec plus de modération vous auriez perfuadé plus facilement, & je ne vois pas après tout qu'il fût néceffaire de me taxer de *folie* & d'*abfurdité* pour prouver que vous êtes un grand homme (1).

Que ne vous renfermiez-vous dans ce qui vous regardoit perfonnellement ? Votre intérêt & votre amour-propre n'avoient-ils pas un affez beau champ à parcourir ? Pour démontrer la validité de votre compte, que de preuves n'auriez-vous pas tiré de l'étendue de vos lumières, de la juftefle de vos projets, de vos opérations de campagne,

(1) Mémoire de M. Dupleix, pag. 142.

A ij

combinées plutôt fur l'efprit de confervation que fur celui de conquête ; de cette fagacité de raifonnement & de politique qui fait voir d'un coup d'œil ce qu'on a à craindre, & ce qu'on a à efpérer de la part de fes ennemis & de fes Alliés ; de l'expofition de ces projets furnaturels, *qui ne demandant pas même le tems d'y réfléchir* (1), & qui n'exigeant l'approbation ni du Roi, ni des Miniftres, ni de la Compagnie, *devoient frapper, émouvoir, enchanter ;* en démontrant enfin que vous aviez eu raifon de promet-tre à la Compagnie des Indes des cargaifons gratuites (a), & de la prévenir, qu'elle ne devoit plus fonger à envoyer des fonds aux Indes Orientales. Il faut pourtant en con-venir, il eft malheureux que ces idées n'ayent pas été mieux réalifées, & que M. de Leyrit ait été obligé d'écrire à la Compagnie dans fa Lettre du 5 Octobre 1755.

» J'ignore les reffources que M. Dupleix pouvoit avoir » lorfqu'il marquoit à la Compagnie, qu'elle étoit en-» tiérement déchargée des frais de la guerre ; quant à » préfent, &c (2).

Cette façon de penfer de M. de Leyrit n'eft-elle pas conforme à ce qu'il m'écrivoit de Chandernagor, le 22 Novembre 1752 ? *Que la fituation de la Compagnie feroit brillante aujourd'hui dans le Gange, fans cette miférable guerre, dont les différens événemens, quelque chofe que puiffe dire M. Dupleix, ont rompu, ou du moins dérangé beaucoup*

(1) Mémoire de M. Dupleix, pag. 234.

(2) M. Dupleix en citant cette Lettre, pag. 220, a retranché cette premiere phrafe. Je laiffe à devi-ner quelle a été fa raifon.

(a) M. Dupleix avoit écrit le 13 Octobre 1753 à M. le Garde des Sceaux, que s'il recevoit à tems dix-huit cent balles qu'il atten-doit de Mazulipatam, il les chargeroit fur un Vaiffeau qu'il expé-dieroit après le S. Louis, qui partoit cette même année pour reve-nir en France. Non-feulement ces 1800 balles ne font pas parties en 1753, mais il n'y en avoit pas même la moindre apparence à la fin de 1754. On voudra bien faire attention qu'au lieu de ces 1800 balles promifes, le Confeil de Mazulipatam me demanda de l'argent pour acheter des marchandifes ; & que pour charger deux Vaiffeaux de 1200 tonneaux tels que le Duc de Bourgogne & le Duc d'Orléans, je ne trouvai que 300 balles de diverfes efpèces de marchandifes, du bois rouge, du caffé de Moka, & les bagages de M. Dupleix & de fa fuite.

toutes les mesures qu'elle a prises pour faire fleurir son commerce, & nous en rendre les opérations aisées!

Mais revenons à ce qui me regarde directement; car je n'ai pas plus d'envie de discuter ici la validité des demandes que vous faites à la Compagnie des Indes, que je n'en avois à Pondichery (a). Je ne ferois qu'affoiblir la défense de la Compagnie en voulant y ajouter quelque chose, elle est en de meilleures mains que les miennes. Caché dans la foule, j'attendois avec respect & en silence la décision de Sa Majesté, & vous n'auriez jamais entendu parler de moi, si vous ne m'aviez attribué gratuitement dans votre Mémoire, trois vices que j'ai toujours eu en horreur, je veux dire, le despotisme dans l'administration des affaires, l'indécence dans les procédés, & l'injustice des décisions. Vous n'y avez pas pensé, Monsieur, quand vous m'avez fait ces reproches; & vous m'avez mal connu, si vous avez cru que j'y serois insensible. Non, moins je les mérite de votre part, plus je suis intéressé à détruire des bruits auxquels une fausse pitié pour vous, & mon silence donneroient sans doute quelque crédit.

Vous me reprochez un despotisme dont j'ai toujours été l'ennemi déclaré; en conséquence il vous plaît d'assurer le Public que dès l'instant de mon arrivée dans l'Inde, les Conseils n'ont plus subsisté. Je ne réfuterai cette étrange proposition que par des faits. Souvenez-vous des Lettres que je vous écrivis (1) de l'Isle de France, à vous en particulier, & au Conseil supérieur de Pondichery. Je crois avoir répondu à ce que je promettois: je vous défie de citer une seule opération de Commerce, de Police, de Finance, de Justice civile ou militaire, qui n'ait été traitée en plein Conseil; les délibérations & les jugemens en font foi: tout, excepté ma correspondance particulière avec M. Saunders & avec MM. de Bussy & de Moracin,

(1) *Vide* Pièces justificatives, n° 1 & 2.

(a) M. Dupleix, dans une Requête qu'il a présentée au Roi, assure qu'il ne se regarde pas comme Comptable, Trésorier ou Receveur. Cependant il présente un compte.

pour les affaires de la guerre, a été mis fous les yeux du
Confeil : j'ai rendu tous les Confeillers à leurs fonctions.
Les Caiffiers & les Tréforiers ont reçu & payé par des
Ordonnances : les Contrats pour les marchandifes & les
baux des revenus des terres ont été faits par le Confeil
affemblé.

Je n'ai pas trouvé de Commiffaires pour les revues des
Troupes, j'en ai créé deux, l'un pour les Troupes Françoifes & Noires, (*le Sr. Barthelemy,*) & l'autre pour les
Troupes Allemandes (*le Sr. Boyelleau*). Je n'ai pas trouvé
de Bureau militaire établi, j'en ai formé un à la tête
duquel j'ai mis un Confeiller ; j'en ai mis un autre à la
tête des Magafins de Marine qui étoient affez en défordre.

On a fait des Réglemens de police en plein Confeil.

Les dépenfes pour les ouvrages civils ont été difcutées
& diminuées par le Confeil affemblé.

C'eft feulement de mon tems que le Confeil a pris connoiffance des projets fur *Nelifféram* (1), & des fonds de
la Caiffe de *Mazulipatam.*

(1) Nouvel éta-
bliffement fur la
côte Malabar, au
Nord de Mahé.

Je pouvois cependant faire tout le contraire, & fuivre
votre exemple. Mes pouvoirs étoient bien plus étendus
que les vôtres ; mais n'eft-il pas vrai, Monfieur, qu'on
eft moins tenté de fuivre fa volonté, quand on en a le pouvoir, que quand on ne l'a pas ? J'ai conçu des actes d'autorité fans doute, mais j'y ai fait participer le Confeil
pour l'exécution, parce que ma premiere attention a été
d'en relever l'éclat terni depuis long-tems, & affaiffé fous
le poids d'une autorité arbitraire qui le tenoit comme en-
gourdi.

Je n'ai jamais difpofé des Vaiffeaux, des fonds de la
Compagnie, & de ceux des fucceffions, fans le concours
& l'aveu du Confeil.

Je n'ai pas mis cette Ville Capitale à la merci des armes
ennemies en la dégarniffant de fes forces, pour fuivre au
loin des projets hazardés.

Je n'ai jamais été furpris, comme vous me l'avez témoigné dans votre Lettre du 6 Octobre 1754. » que l'on

» eût plus de confiance dans les billets du Conseil que
» dans les miens ; de ce que les choses étoient changées,
» & qu'il en étoit de même de tout ce qui se passe dans
» la vie. » Moi ! des airs de hauteur & de despotisme !
M'a-t-on vû me montrer tous les jours en public avec ce
faste imposant, ce cortège nombreux, & toutes les marques extérieures de la *Nababie* ? Ai-je souffert que les
Officiers François, soit de plume, soit d'épée, fissent porter devant eux les marques des dignités Maures qu'ils
avoient eu la foiblesse d'accepter, & qui faisoient douter
si on étoit réellement dans une Ville soumise au Roi, ou
à quelque Seigneur Maure ? Est-il quelque Officier qui
puisse se plaindre d'avoir été disgracié pour des représen-
tations & des avis que son expérience & ses services doivent toujours faire écouter ? M'a-t-on vû quitter l'habit
& le chapeau, me revêtir d'une cabaye & d'un turban,
& recevoir le *Salami* de la main des François ? (a).

De la hauteur à l'indécence il n'y a qu'un pas à faire.
Cependant il est heureux que vous ne m'en taxiez qu'à
votre égard. La Lettre que je vous écrivis à mon arrivée
dans l'Inde doit me justifier dans l'esprit du Public impar-
tial. La malignité seule a pu donner à cette Lettre un sens
tout opposé à celui dans lequel je vous l'avois écrite. On y
voit ma façon de penser pour vous, & combien je me
suis empressé à chercher les moyens de vous rendre votre
rappel plus supportable. (b)

(a) Lorsque Mouzaphersingue vint à Pondichery, il nomma
M. Dupleix Commandant Général depuis le Krischna jusqu'au Cap
Comorin, & Chandasaëb son Lieutenant à la Nababie d'Arcatte. Ce
fut dans ce moment que M. Dupleix, assis à la droite de Mouzaphersingue, & habillé en Maure, reçut des principaux Officiers de
la Compagnie le Salut à l'usage du pays, & de chacun d'eux les roupies d'or qu'ils lui présenterent.

(b) *LETTRE de M. Godeheu à M. Dupleix, écrite à bord du Vaisseau le Duc de Bourgogne, le 2 Août* 1754.

C'est avec regret, Monsieur, que je viens vous faire part aujour-
d'hui d'un ordre du Roi qui vous rappelle en France avec toute

J'étois depuis dix ans à *l'Orient*, où je n'entendois parler que vaguement de vos projets & de vos opérations. Je demande un congé pour venir passer quelque tems à Paris,

votre famille. Vous n'y verrez cependant rien qui puisse ni vous blesser ni vous donner de l'inquiétude. Je suis persuadé que Sa Majesté, en vous rappellant, a eu principalement en vue de mettre la Compagnie plus en état de profiter de l'étendue de vos lumières, & je ne doute pas un moment que vous n'y soyiez vû avec plaisir.

Voici cet ordre : je l'ai trouvé renfermé dans un paquet cacheté, que je ne devois ouvrir que long-tems après mon départ.

Quoique les termes dans lesquels il est conçu n'ayent rien de mortifiant, cependant, comme un rappel semble faire naître des idées défavorables dans l'esprit du Public presque toujours aveugle dans ses jugemens, je peux aider à les détruire en m'accordant avec vous, Monsieur, pour répandre par-tout que vous prenez de vous-même le parti de retourner en France suivant la permission que vous en aviez demandée ci-devant, & que vous attendiez quelqu'un pour vous remplacer, quoique vous n'en eussiez rien témoigné. Je m'y prêterai très-volontiers pour vous marquer jusqu'où va mon attachement & ma parfaite considération pour vous ; c'est même pour moi une espèce de dédommagement de la peine que j'ai ressentie en me voyant chargé de cette commission, & de ce que le choix est tombé plutôt sur moi que sur tout autre, puisque je me trouve par-là en état de vous rendre un service qui ne seroit peut-être pas venu dans l'esprit de bien d'autres.

Personne n'a le moindre soupçon de cet ordre ni en France ni dans le Vaisseau, excepté mon frere, qui devant me succéder, ne pouvoit l'ignorer ; mais je suis aussi sûr de sa discrétion que de la mienne. M. Arnaud même n'en a pas connoissance, ainsi vous êtes le maître de la façon dont les choses se passeront.

Cependant en me prêtant à ce qui peut vous faire plaisir, j'en exige, Monsieur, une reconnoissance de votre part ; c'est la remise de tous les papiers qui regardent les affaires générales où la Compagnie est intéressée & peut l'être dans la suite, & enfin les connoissances particulières dont j'ai besoin pour les suivre ; je ne puis les puiser dans une meilleure source. Voici la note que j'en ai faite, autant que la mémoire & la lecture de vos Lettres à la Compagnie & des siennes ont pu me la fournir ; & quoique plusieurs des Articles qui y sont compris le soient aussi dans l'état des demandes que je fais au Conseil pour mon instruction, je ne doute pas, Monsieur, qu'il ne se trouve dans les éclaitcissemens que j'ai l'honneur de vous

&

& me délaffer d'un féjour à l'Orient de plus de cinq ans
de fuite, qui avoit altéré ma fanté. Le Miniftre me pro-
pofe d'aller à *Pondichery*, je refufe ; je refte ainfi pendant trois mois toujours fur la négative ; enfin, je céde
par obéiffance. On dreffe mes inftructions , je les reçois cachetées , avec ordre de ne les ouvrir qu'à la
mer; la Compagnie me donne les fiennes, & je pars.
Quel motif particulier m'auroit engagé à accepter une pareille miffion ? Je n'avois aucune raifon de vous haïr, ni
de me venger ; & j'ai prouvé par un prompt retour , que
la foif des honneurs & des richeffes ne m'avoit jamais
tourmenté. Je me trouvois affez flatté de commander au
port de *l'Orient*, & plus encore de la confiance de la
Compagnie, dont les intérêts m'ont toujours été plus
chers que les miens.

demander des particularités encore plus inftructives, & qui me feront
d'un grand fecours.

Il faut auffi que vous déterminiez M. de Saint-Paul, & M. de
Kerjean à vous fuivre , & M. de Noronna à paffer chez les Portugais
à Goa, ou en France.

Quant à votre départ & celui de votre famille , il eft néceffaire
qu'il foit fixé aux derniers jours de Septembre ; je fuis même perfuadé
que vous fouhaiteriez plutôt de l'avancer que de le reculer : ce dernier parti eft abfolument impoffible ; & d'ailleurs, je crois qu'il vous
convient de toutes façons de quitter Pondichery de bonne heure
pour votre propre fatisfaction , pour votre fanté , pour avoir une
traverfée plus commode, plus fûre & plus douce par les relâches que
vous pourrez faire, pour arriver en France dans une faifon qui vous
préparera tout doucement à la rigueur de l'hiver, & enfin pour vous
éviter le défagrément de voir un nouveau Gouverneur venir prendre
votre place, & empêcher par votre préfence fubite en France tous
les difcours auxque!s le Public n'eft que trop fujet, & qui détermi-
nent quelquefois la réception plus ou moins favorable de fa part.

Voilà, Monfieur, tout ce que je penfe pour vous à découvert :
je fouhaite que mes fentimens foient conformes aux vôtres, & que
vous rendiez par-tout juftice à ma façon de penfer, qui n'a pour but
en ceci que votre propre fatisfaction, autant qu'il eft en moi de
l'opérer fans m'écarter de mon devoir.

J'ai l'honneur d'être avec une très-parfaite confidération ,
    Monfieur,   Votre , &c.
                                            B

Il eſt abſolument contre mon caractère, Monſieur, de vous retracer ici tout ce que j'ai cru devoir & pouvoir faire pour que vous ne perdiſſiez rien dans l'eſprit du Public de la conſidération, & même du reſpect dont vous aviez joui juſqu'alors ; ils vous auroient ſuivi juſqu'en France, ſi vous l'aviez voulu. Voici ma conduite à votre égard. Je vous offre de déclarer que vous allez en France pour profiter du congé que vous aviez déja demandé, & je m'engage à ne jamais parler de la Lettre de cachet. Je ſuppoſois que ce ménagement de ma part pouvoit vous être agréable. Deux jours après, je vous preſſai encore d'en profiter.

Pièces juſtificatives, n° 3.

Je vous laiſſe jouir du nouveau Gouvernement que vous occupiez dans la Citadelle, & je me contente d'une maiſon particulière dans la Ville.

Vous m'envoyez vos Gardes, je vous les renvoie avec prière de vous en ſervir, ce que vous avez fait.

Je donne ordre aux portes de la Citadelle & de la Ville de vous rendre à vous & à *Madame Dupleix* les mêmes honneurs dont vous jouiſſiez avant mon arrivée, & je ne fais que les partager avec vous.

Vous étiez flatté des honneurs de la Nababie, je vous ai laiſſé jouir juſqu'à votre départ de tout cet appareil comique que vous amenâtes juſques chez moi le jour de la S. Louis, & qui ne vous quitta pas même à table.

(1) *Vide* Pièces Juſt. n° 3.

Quand il a été queſtion d'aſſembler le Conſeil, je vous ai demandé l'heure qui vous ſeroit la plus commode (1), & vous n'avez daigné répondre qu'une ſeule fois à cette politeſſe dont j'étois diſpenſé comme Préſident.

(2) C'étoit un Cordelier Portugais.

A la prière de Madame *Dupleix*, je permis à M. *l'Abbé de Noronna* (2), qui l'avouoit pour ſa parente, de reſter à *Pondichery*, avec une penſion que je lui aſſignai ſur les revenus d'*Alempravé*. Vous ſçavez s'il méritoit par lui-même cette attention, quoiqu'à ſon arrivée d'Europe, vous lui euſſiez fait rendre les honneurs qu'on rend aux Prélats les plus reſpectables.

Mes attentions ſe porterent juſques ſur toutes les perfonnes qui vous appartenoient. MM. de *Kerjean* & *Darnaud* vos parens me demanderent des Lettres pour le Miniftre & pour la Compagnie ; je les leur donnai : mais je ne pus gagner fur vous d'aider M. de *Kerjean* d'une partie de la fomme que je vous avois fait prêter : du moins n'eft-il pas fur l'état de vos traites fur moi (1), & vous fçavez qu'il eut recours à d'autres voies. M. *de Saint-Paul* votre beau-frere fe trouvoit compris dans votre difgrace. On ne pouvoit peut-être lui imputer que trop de condefcendance pour vos volontés. Vous me parûtes touché de fon fort : fon âge & fon peu de fortune firent le même effet fur moi : je vous offris de l'autorifer à refter à *l'Ifle de France*, en vous promettant de folliciter fon retour à Pondichery : vous refusâtes cette offre avec dédain, & il en fut la victime.

Lorfque vous partîtes, vous me fites prier de vous donner fur l'état des paffagers du Vaiffeau *le Duc d'Orléans*, la qualité de Directeur de la Compagnie, & mes ordres furent expédiés en conféquence.

Comment avez-vous répondu à toutes ces prévenances, & à ces politeffes qui méritoient de votre part une autre peinture de mon caractère & de mes fentimens?

Je vous demandois des inftructions, & vous me cachez les premieres Lettres que vous recevez de Meffieurs *de Buffy & Moracin*, qui vous faifoient une peinture affreufe de leur état (2), tandis que le dernier m'écrivoit qu'il ne tenoit qu'à moi, » *de voir à mes pieds le Maître du* » *Dékan.*

Dans vos Lettres vous rejettez fur moi l'inexécution de l'accord prétendu avec le *Roi de Tanjaour*, qui, difiez-vous, étoit prêt à fe lier avec nous; tandis qu'après avoir été mis précédemment à une énorme contribution, vous veniez tout récemment de faire rompre la digue qui privoit fon terrein des eaux du *Cavéry*, ce qui faifoit rejaillir le même mal fur notre terrein de Karikal. Ce Prince étoit fi peu préparé à un accommodement, que ce n'eft que cette année même que M. de Leyrit (3) marque à la Com-

(1) *Vide* Pièces Juft. n° 6.

(2) On en ver-ra les Extraits dans le Mémoire de la Compagnie.

(3) *Vide* Pièces Juft. n° 5.

pagnie qu'il a quelque espérance de le regagner. On verra dans le Mémoire de la Compagnie ce que ce Prince m'écrivit dans le tems.

Vous me laissez sur les bras une querelle avec *Moraro*, qui vous redemandoit huit cent mille roupies que vous lui deviez ; vous me l'avez nié formellement : cependant *M. de Bussy* a si bien reconnu que cette créance pouvoit être légitime, qu'après quelque avantage remporté sur les *Marattes*, il a contraint (1) *Moraro* à lui signer un désistement de cette somme, pour prix de la paix qu'il lui procuroit.

(1) *Vide* Pièces Justif. n° 6.

Arrivé dans l'Inde, je trouve les Caisses vuides. Je vous demande quelles sont vos ressources pour continuer la guerre : vous me dites *que votre bourse, celles de vos amis & votre crédit y ont suffi : que cependant si les Vaisseaux d'Europe n'étoient pas arrivés, vous alliez mettre votre vaisselle en gage* (2).

(2) *Vide* Pièces Justif. n° 7.

Je vous demande à qui je dois m'adresser pour me faire rendre compte du produit des Concessions faites à la Compagnie, & dont je ne trouvois aucun vestige sur les Livres ; *vous me déclarez que c'est à un certain* Papiapoulley *que Salabetzingue a fait Receveur de la Province* (a), *avec ordre de vous rendre compte de ces revenus, & que vous - même vous êtes comptable à ce Seigneur.* A la vue du faste dont cet homme éblouissoit tous les yeux dans *Pondichery*, à l'autorité qu'il y exerçoit sur les habitans, aux marques de considération dont vous l'honoriez, à la chaleur avec laquelle vous preniez son parti, (ce qui vous est arrivé devant moi) qui n'auroit pensé que ce *Papiapoulley* étoit un Seigneur de la plus grande distinction, & qu'il possé-

(a) M. de Larche, simple Employé de la Compagnie, avoit perçu ces revenus avant lui ; Interprète de M. Dupleix auprès de Mouzapherfingue, enrichi des libéralités de ce Seigneur, & créé Conseiller au Conseil supérieur de Pondichery à sa recommandation ; M. Dupleix lui avoit ôté la régie des terres pour la donner à Papiapoulley. C'est ce même M. de Larche, que M. Dupleix, lors de son départ de l'Inde, choisit pour un de ses Procureurs.

doit toute la confiance du Maître du *Dékan*, comme il avoit la vôtre ? Je m'adreffe à ce *Papiapoulley* qui fe trouve avoir été Valet de M. *Barthelemy à Madras*, & chaffé par lui de fon fervice. Ce Receveur n'a plus d'argent dès que j'arrive ; je fuis accablé de Requêtes contre lui pour fes véxations ; il eft accufé & convaincu d'avoir donné à des Capitaines *Cipayes* des ordres contraires aux miens. Je le fais enfin arrêter. (*a*) Je lui nomme une Commiffion pour examiner fes comptes : la premiere année de fa geftion examinée, il fe trouve qu'il doit avoir reçu cinq cent mille roupies de plus qu'il n'accufe, & qu'il a enflé l'Article des fraix de régie. Je laiffe en partant *Papiapoulley* en prifon, & fon affaire à pourfuivre par les Commiffaires nommés ; j'ignore pour quelle raifon on a élargi ce fameux Comptable. *Salabetzingue* n'a jamais revendiqué cet homme, & il ne m'en a jamais fait écrire par M. *de Buffy*.

Je vous demande quels font nos Alliés ; je ne peux en connoître aucun, excepté vous, en qualité (*b*) d'*Oncle & de protecteur de Salabetzingue*, Prince foible & pufillanime, & le Roi de *Maïffour*, à qui cependant pour prix de fon argent & de fa fidélité, on devoit, fuivant votre projet de pacification, enlever la Ville de *Trichenapaly* que vous lui aviez promife, pour la donner à *Mahmet-Alykan* (1), qui la défendoit contre vous. Ce n'étoit en vérité pas la peine de vous efforcer à me faire un crime ainfi qu'à M. *de Maiffin*, de n'avoir pas pris cette place. Vous ne m'avez jamais rien remis qui eût rapport au *Maduré*, ni à vos expéditions dans le *Tundaman* & dans le *Morava*, rien qui traitât des intérêts du *Toreour*, du Nabab de *Cadapé*, & de tous les autres *Rajas* & Seigneurs du pays. Rien, concernant le fameux *Bajirao*, toutes les

(1) *Vide* Pièces Juft. n° 9.

(*a*) *Papiapoulley* n'eut pour prifon qu'une petite maifon au bout du Jardin de celle que j'occupois ; elle étoit féparée de la Citadelle par une efplanade très-confidérable, & M. *Dupleix* logeoit dans la Citadelle. Il n'étoit donc pas fous fes yeux, comme il le dit page 120. de fon Mémoire.

(*b*) C'eft le titre que M. Dupleix fe faifoit donner par Salabetzingue, dans les Lettres que ce dernier lui écrivoit. *Vide* Pièces juft. n°. 8.

affaires du Nord, & la politique de la Cour de Salabetzin-gue. Enfin, M. *de Leyrit* écrit à la Compagnie dans sa

(1) *Vide* Pièces Juſt. n° 5. Lettre du 19 Octobre 1756 (1), qu'il ne connoît pas plus d'Alliés de la Nation Françoiſe, que je n'en connoiſ-ſois alors.

Etoit-ce-là, Monſieur, répondre aux marques de con-fiance que je vous avois données dans mes premières Let-tres, & aux demandes que je vous avois faites à vous & au Conſeil ? J'ai été heureux ſans doute d'avoir trouvé des perſonnes aſſez éclairées pour m'inſtruire en peu de tems du local, & plus heureux encore de n'avoir pas ajoûté foi aux Lettres anonymes qui m'ont été rendues par des per-ſonnes que leur caractère devoit rendre reſpectables.

Ces Lettres n'attaquoient que ceux à qui je paroiſſois m'ouvrir plus librement. J'en garde une par curioſité, par-ce que j'en connois l'Auteur.

Après avoir tracé la façon dont vous vous êtes conduit à mon égard pour les affaires générales, il ſeroit déplacé de vous reprocher ici vos airs de hauteur & vos menaces envers ceux qui m'approchoient ; & tout ce qui vous eſt échappé juſqu'à votre départ, on eût dit que votre uni-que occupation étoit de chercher à rendre inutiles les ſoins que je me donnois pour gagner la confiance du Public qui n'avoit pas encore eu le tems de connoître mon caractère & mes ſentimens.

Eſt-il jamais venu dans l'eſprit d'un homme rappellé de propoſer à ſon ſucceſſeur de remettre à un autre jour la céré-monie fâcheuſe, de ſe faire reconnoître à la tête des Troupes, & de trouver mauvais qu'il ſe fît apporter tous les jours les clefs des portes de la Ville ? Quel étoit votre deſſein dans ces deux circonſtances ? Celui ſans doute de tâcher de vous conſerver les marques d'une autorité mourante ; ou, ſi j'avois été aſſez foible pour y condeſcendre, de me ren-dre ridicule aux yeux du Public, en faiſant voir que je n'é-tois pas digne du poſte que j'étois venu remplir.

Revenons en France, Monſieur ; vous y arrivez, & je vous ſuis après avoir fait une paix conditionnelle, à la-

quelle vous ne vous attendiez pas , & telle qu'elle convenoit également à deux Compagnies commerçantes ; car
fi elles entendent bien leurs intérêts , elles ne doivent jamais prendre les armes que pour fe défendre contre les
vexations des *Maures*, & tâcher de ne fe nuire l'une à l'autre que par l'induftrie & le commerce.

Je vous trouve au rang de vos Concitoyens , rien ne vous
diftingue d'eux , que la dépenfe exceffive que vous entre-
prenez de faire , dans le même tems que par une conduite
auffi bizarre qu'incompréhenfible , vous affectez la plus
grande indigence ; vous ne payez rien , & vous vous avi-
fez , pour mettre fin aux cris de vos Créanciers , de répandre un Mémoire , dans lequel vous foutenez que la Compagnie doit vous payer *onze millions* , uniquement parce
que j'ai refufé de vous les faire payer dans l'Inde , ou que
je n'ai pas voulu recevoir votre compte ; là-deffus vous me
taxez de la *partialité la plus outrée, & de l'injuftice la plus criante.*

Si vous ne vous fouvenez pas , Monfieur , de ce qui fe
paffa dans mon cabinet le 22 Septembre 1754 , entre vous,
Meffieurs Arnaud , Bauffet , de Larche & moi , au fujet
de vos comptes , prenez la peine de lire l'Extrait de mon
Journal. *(a)* Je l'envoyai au Miniftre par le même Vaiffeau
qui vous portoit en France.

C'eft dans mon cabinet que vous apportez votre compte. C'eft à moi feul que vous le préfentez ; vous vous ren-
dez au refus que je fais de l'accepter & de le faire examiner , & vous n'infiftez que fur le befoin de faire dépofer
les Piéces de ce compte au Greffe du Confeil. J'y confens,
après que j'aurai été affuré que vos Procureurs ne pourront
pas dans la fuite demander d'autres Piéces que celles que
vous devez faire dépofer , & c'eft pour cette raifon que je
confens que deux Confeillers , *les Sieurs Guillard & Bourquenou,* foient préfens à l'exhibition de ces Piéces , qu'ils
m'affurent qu'elles ont rapport au compte & leur nombre.
Cette opération eft faite en cinq jours , & vous avouerez

(a) Il détruit le récit que vous avez fait pag. 115 & 256 , de
ce qui fe paffa alors. *Vide* Piéces juftificatives , n°. 10.

que ce tems n'auroit pas fuffi, à beaucoup près, pour traduire plufieurs centaines de Piéces, les examiner, & en difcuter la validité. Voici ce que vous m'écriviez le 13 Octobre.

» Si vous voulez, Monfieur, que la vérification faite par
» Meffieurs *Guillard & Bourquenou* des Piéces du compte
» que j'ai eu l'honneur de vous préfenter, ne faffe que
» conftater leur exiftence, ainfi que vous le dites, j'ac-
» quiefce à votre defir & à cette manière d'énoncer le
» travail qui a occupé ces Meffieurs durant cinq jours.
» Cette exiftence fuffit pour le préfent, ce fera autant de
» fait pour la Compagnie, quand même elle demanderoit
» un examen ultérieur concernant la validité. Avez-vous
» craint, Monfieur, de lui fermer la porte à s'inferire en
» faux contre quelques-unes de ces Piéces, fi vous paroif-
» fiez avoir confenti au travail qui a été fait? Je vous donne
» ma parole de ne chercher jamais à me fauver par la for-
» me, quelque reproche qu'on veuille me faire, &c.

Tel eft, Monfieur, l'état dans lequel vous êtes parti de
l'*Inde*. Vous avez emporté un Acte du Dépôt de vos Piéces, avec l'envie de faire valoir vos droits vis-à-vis de la
Compagnie, de foufcrire à celle que j'ai eu à ne conftat-
ter que l'exiftence de vos Piéces, & d'en laiffer difcuter
la validité en France ou dans l'Inde, & enfin avec une
ferme réfolution de ne jamais chercher *à vous fauver par
la forme*. Arrivé en France, vous ne penfez plus de même.
Je n'ai pas voulu recevoir votre compte dans l'Inde, donc il
doit être admis en France, comme s'il étoit bon, parce
qu'on a pu en difcuter tous les articles en cinq jours, &
que l'on doit qualifier le refus que j'ai fait de l'accepter,
d'un *déni de Juftice caractérifé*, parce que, dites-vous, *j'é-
tois revêtu des pouvoirs les plus amples.*

Page 117.
Page 253.

J'avois, fi vous voulez, tous ceux d'un *Dictateur Ro-
main*. Mais ces *Dictateurs* n'en étoient pas moins foumis
aux Loix de *Rome*.

Je n'ai jamais cru être en droit d'ufer de mes pouvoirs,
autrement que pour maintenir les Loix de la Compagnie
& l'ordre de fon adminiftration.

Elevé

Elevé dans fon fein , pouvois-je connoître d'autres ré-
gles que celles qu'elle citera fans doute dans fa défenfe ?

Pouvois-je admettre un compte particulier de vous à elle,
quand je fçavois que vous en aviez *fur les Livres*, & un
autre *fur la petite Caiffe*, qui ont été tous deux foldés avant
votre départ ; quand je fçavois enfin que la Compagnie
avoit anciennement févi contre les Gouverneurs qui avoient
voulu s'écarter des anciens réglémens concernant l'ordre
de manutention de fes affaires aux Indes ?

Je ne pouvois commettre feul *un déni de Juftice*, parce
que tous les comptes doivent être arrêtés par le Confeil.
J'en étois Préfident lorfqu'il étoit affemblé , mais cette
qualité ne me donnoit pas dans mon cabinet le droit de
renverfer tout l'ordre de la manutention, en arrêtant un
compte particulier dont la Compagnie n'avoit jamais entendu parler, & qui n'étoit à la connoiffance de perfonne
dans l'Inde.

Jufqu'au moment de votre départ , il ne vous eft jamais venu dans l'idée de préfenter votre compte au Confeil, encore moins de Requête tendante à vous pourvoir
pardevant lui du refus que j'avois fait dans mon cabinet
de recevoir votre compte ; rien ne vous en empêchoit.
Mais, avouez-le , Monfieur , vous vous êtes bien douté
que le Confeil, qui n'avoit jamais eu connoiffance de vos
projets & de vos opérations de guerre & de finance , n'é-
toit pas plus en état que moi de ftatuer fur votre compte, dont il ne connoiffoit pas un feul article.

Où donc eft ce *déni de Juftice criminel & puniffable*? (1) Pag. 256 & 257.

Je refufe dans l'Inde d'arrêter un compte particulier que
vous déclarez pour la première fois avoir avec la Compagnie.

Que peut-on en inférer ? Qu'avez-vous pu penfer vous-
même en emportant vos Piéces en France ? Rien autre
chofe, finon que vous aviez pour reffource de préfenter
votre compte à la Compagnie, dans l'efpérance qu'elle
penferoit autrement que moi. Dans ce cas, elle auroit or-

C

donné l'examen & l'arrêté du compte, fans s'embarraffer de mon refus ; auroit-ce été la première fois qu'elle auroit donné des décifions contraires à celles des Gouverneurs & des Confeils ? Elle eft le Juge de leurs actions pour ce qui regarde l'adminiftration de fes affaires. Si votre compte eft admiffible, mon refus n'a pas dû en empêcher l'arrêté en France ; s'il ne l'eft pas, je n'ai pas dû lier la Compagnie, & l'empêcher de fe pourvoir contre l'admiffion d'un compte infolite, & contraire à tous les réglemens fur lefquels la conftitution de la Compagnie eft fondée. C'eft en quoi j'aurois paffé les bornes de tous les pouvoirs qui ne m'avoient été donnés que pour maintenir cette conftitution contre toutes les oppofitions que j'aurois pu rencontrer.

Toutes chofes étoient donc à votre arrivée en France dans l'état où elles étoient dans l'Inde avant votre départ. Mon fentiment d'ailleurs s'eft trouvé conforme à celui de la Compagnie, & des perfonnes les plus éclairées dans les affaires de Juftice & de Commerce.

Voici ce que *M. de Montaran* m'écrivoit par fa Lettre du 6 Avril 1755. Il étoit alors Commiffaire du Roi à la Compagnie des Indes.

» Je vous avouerai que je n'ai pu imaginer par quelle » raifon vous avez refufé de parapher le compte qui vous » a été préfenté par M. Dupleix. Ce paraphe ne pouvoit » être regardé ni comme un arrêté, ni comme une appro- » bation du compte ; mais fimplement comme une preuve » de la préfentation.

M. de Montaran au fait des Loix, & inftruit des ufages de la Compagnie, penfoit donc & avec raifon que je pouvois refufer l'arrêté & l'approbation du compte, puifqu'il avouoit que mon paraphe n'en tiendroit pas lieu : & effectivement par ce refus vous n'étiez pas exclus de la juftice que vous pouviez demander en France, fi vous la croyiez dûe. Je vous l'aurois interdite, fi, comme Juge, j'avois rejetté ce compte, & infirmé tous les articles qui

Je compofent, ou bien vous en auriez appellé en France ;
j'ai mieux fait, je vous ai épargné cette peine, & je n'ai
pas rifqué de commettre une injuftice. A l'égard du paraphe, j'ai cru devoir le refufer, parce qu'il n'eft pas d'u-
fage, qu'il eft même contre toute regle de certifier une
préfentation de compte quand on croit qu'il n'y a point
de compte à rendre.

Enfin, Monfieur, quel tort vous ai-je fait en refufant
d'arrêter votre compte dans l'Inde, & en vous laiffant
la liberté de le préfenter en France ? Aucun, grace à la
difette de fonds dans laquelle vous me laiffiez. Je n'aurois pas pû vous en payer la folde, & n'ai-je pas affez fait
pour vous, en vous laiffant jouir des revenus de *Val-
daour* qui produifent plus de 300000 liv. de rente ? Cette
fomme perçue annuellement par vos Procureurs, ne fuffi-
foit-elle pas pour vous faire attendre tranquillement la
décifion de la Compagnie fur votre compte ?

Pourquoi donc, Monfieur, cherchez-vous à mes dé-
pens à infpirer au Public des fentimens de pitié pour un
prétendu *déni de juftice* commis à votre égard, & qui
ne fubfifte pas ? Oui, Monfieur, je vous défie de citer
aucun trait femblable de ma part. Le Confeil a toujours eu de mon tems la liberté entiere des fuffrages. J'ai
toujours propofé mes avis fur toutes fortes d'affaires,
& quand on les a combattus, je l'ai fouffert avec
plaifir. J'ai écouté tout ce qu'on m'a dit pour le bien ; &
fi j'ai commis des *dénis de Juftice*, ce n'a jamais été
qu'en votre faveur, en ne vous forçant pas de répondre (a)
à plus de quarante Requêtes qui m'ont été préfentées
contre vous ; eft-ce à vous à me reprocher une faute que
je n'ai commife que pour vous conferver un refte de confidération dans l'Inde ?

J'ai fait plus, Monfieur : quoique vous m'euffiez refufé
de me faire connoître vos reffources pour avoir de l'ar-

(a) On en verra quelques traits dans le Mémoire de la Compagnie.

C ij

gent ; quoique *Papiapoulley* , à mon arrivée eût fermé la bourſe ; quoique je ne trouvaſſe dans l'Inde aucun veſtige du crédit que la Compagnie devoit naturellement y avoir ; quoique je trouvaſſe encore *que vous étiez débiteur ſur les Livres & ſur le compte particulier de la petite Caiſſe ;* quoique vous fuſſiez bien informé du peu de fonds que j'avois apporté avec moi ; enfin, malgré votre joie ſecrete de me voir embarraſſé , je me détermine à tirer de la Caiſſe de la Compagnie 50 mille roupies que je vous fais prêter, pour acquitter , diſiez-vous, *des dettes criardes.* Je ſçavois bien que cette ſomme ne vous étoit pas néceſſaire , que vous laiſſiez dans l'Inde des ſommes conſidérables à recouvrer par vos Procureurs , & que vous deviez en trouver en France à votre arrivée , de quelque façon qu'elles y ſoient parvenues ; mais j'aimai mieux me gêner , que de faire penſer que j'aurois manqué par humeur aux bons procédés que j'étois réſolu d'avoir pour vous.

Vous répandez à *l'Iſle de France* avec faſte & profuſion des ſommes d'argent conſidérables en piaſtres , ou en Lettres de change tirées ſur vous-même , ou ſur les dépoſitaires de vos fonds.

Votre relâche au Cap de Bonne-Eſpérance eſt encore , ſuivant le bruit public, marquée par une dépenſe exceſſive.

Vous arrivez en France , vous y paroiſſez avec tout l'éclat d'un Souverain des Indes. Avec de pereilles reſſources, comment avez-vous pu me demander *50 mille roupies* , dans le tems que tous les fonds que j'avois apportés ſuffiſoient à peine aux dépenſes des Troupes , & à celles du Commerce ?

Il eſt tems de parler d'une autre eſpèce d'injuſtice dont vous m'accuſez en termes ſi remplis de paſſion & d'emportement que le Public n'a pas pu ſe tromper au motif qui les a dictés.

Pag. 120 & 277. Vous dites que je vous ai *enlevé par violence* (1) les revenus des terres du pays d'Arcatte ; & vous me comparez à tout ce qu'il y a de plus odieux dans la société civile (1).

Pag. 171 & 172.

Je n'ai à opposer à ces invectives atroces qu'un raisonnement très-simple & plus clair que le vôtre.

Premierement, comment pouvez-vous me taxer de *violence* au sujet de ces revenus, puisque vous m'écriviez le 13 Octobre 1754, *le droit que vous avez sur la partie du pays d'Arcatte, qui est entre vos mains, est le même que vous avez sur tout le reste, usurpé par les Anglois ?* Accordez-vous donc avec vous-même.

Secondement, ces nouveaux revenus, autres que ceux de Bahour & de Villenour appartenoient à la Compagnie des Indes, ou ils ne lui appartenoient pas.

S'ils lui appartenoient, j'ai dû l'en faire jouir, & en faire porter le produit sur les Livres, ce que vous n'avez pas fait.

Si ces revenus n'appartenoient pas à la Compagnie, déclarez donc clairement pourquoi cette Compagnie qui soutenoit depuis cinq ans une guerre ruineuse à l'occasion de ces nouveaux revenus, dont vous l'aviez flattée, n'en jouissoit pas encore en Août 1754, époque de mon arrivée à Pondichery.

Je suis très-fâché, Monsieur, que vous m'ayez mis dans la nécessité de me justifier ainsi de toutes vos fausses imputations. Je ne les méritois point, & elles ne pouvoient vous servir dans l'affaire que vous avez avec la Compagnie. Il importe peu au Public si je dois être regardé comme votre ami ou comme votre ennemi ; vous ne pouvez tirer des preuves victorieuses de mes procédés particuliers à votre égard. Si cela étoit, je vous plaindrois ; car en les détruisant par les faits, que vous resteroit-il ?

Non, Monsieur, quoique j'aie désapprouvé vos projets, je n'ai jamais été votre ennemi, vous le sçavez. Je n'ai pas été souvent en état de vous rendre des services ; mais quand le hazard m'en a fourni l'occasion, vous sçavez si

je l'ai fait avec zèle. A la fin de 1738 (*a*), tout jeune que
j'étois, & tel que vous me regardiez alors , vous devez
vous souvenir que prêt à vous quitter , vous comptâtes
assez sur moi , pour vous justifier aux yeux de la Compagnie , de tout ce que M. *Dumas* vous avoit durement im-
puté au sujet *des roupies Arcattes* , & que j'y réussis.

Je crois vous avoir rendu un service encore plus essen-
tiel en vous procurant l'occasion de revenir en France,
& de vous débarrasser d'un cahos au milieu duquel vous
nagiez depuis long-tems comme dans le vuide. Si votre
ame est d'une trempe trop forte pour sentir les effets de
la reconnoissance, je vous avoue que la mienne se laisse
aller à ces mouvemens avec plus de plaisir , qu'elle ne peut
être ébranlée par les ridicules que vous me prodiguez li-
béralement. Ridicules sur mes actions les plus indifféren-
tes , ridicules sur toutes mes opérations, rien n'est épargné ; je méprise si fort les uns, & je partage les autres
avec des personnes si respectables , que je ne daigne pas
m'en offenser. Je croirois les mériter sans doute si vous
aviez pu me mettre au nombre de ces adulateurs, qui
tour-à-tour chassés & accueillis, méprisés ou caressés, ne
croyent pas payer trop cher les regards favorables d'un
Gouverneur ; leur fortune en dépend.

Ne seroit-ce point de ces sortes de gens peu dignes de
confiance que vous auriez appris , ,, que mes Lettres à
,, MM. *de Bussy & Moracin* étoient très-courtes, & que
,, j'y répétois souvent que je n'avois pas le tems de leur
,, écrire plus au long?

Ils vous en ont imposé, ou ils ne vous en ont envoyé
que des copies très-informes, & aussi tronquées que presque toutes les Lettres que vous citez. Il est singulier que
cette expression ne se trouve que dans une des miennes;
elle étoit assez longue pour que je remisse à un autre jour
à répondre sur d'autres articles. M. *de Moracin* a employé

(*a*) Ce fut dans ce tems-là que je partis de Chandernagor pour
revenir en France.

ces mêmes termes dans une de ses Lettres, c'est celle du
20 Janvier 1755. Je ne lui en ai pas fait un crime.

J'ai remis au Ministre & à la Compagnie toutes mes
Lettres, & toutes celles que j'ai reçues ; on en a été
satisfait. En avez-vous agi de même ? Jamais la Compagnie n'a vû vos Lettres à MM. de Bussy & de Moracin,
ni aux Princes *Maures*, ni aux Officiers commandants
dans tous les Postes. Si vous me les aviez remises, j'y
aurois sans doute puisé des connoissances que vous vous
étiez réservées à vous seul. Les miennes portent des ordres,
j'y ai discuté les matières les plus importantes, j'ai suffi
à tout. Les nuits & les jours m'ont toujours trouvé au
travail ; cette assiduité m'a procuré l'expérience que votre
long séjour vous auroit dû faire acquerir, & que M. *de
Bussy* lui-même vous a refusée(a) en vous écrivant en 1752,
» que vous n'aviez nulle idée du Gouvernement des *Mo-*
» *gols*, ni de l'intérieur du pays. » Du moins est-il vrai
qu'ayant vû *Karikal* & *Mazulipatam*, où je ne crois pas
que vous ayez jamais été, je pouvois, avec le secours
d'une correspondance particulière que j'avois entretenue
pendant 5 à 6 ans avant mon départ, avoir assez de lumières
pour pouvoir me conduire. Cette correspondance étoit
fort bonne ; car j'ai trouvé dans l'Inde tous les maux
qu'on m'avoit annoncés d'avance.

Au surplus, mes Lettres, telles qu'elles sont, ont eu
assez de force pour découvrir la vérité qu'on avoit envie
de me cacher. La preuve de ce que j'avance se trouve dans
une Lettre écrite le 5 Août 1754, dont la copie vous
fut envoyée dans le tems. Voici entr'autres choses ce qu'elle
contenoit.

Ajoutez-y pour dernier inconvenient, Monsieur, entre

_____

(a) On verra ces Lettres dans le Mémoire de la Compagnie. M.
Dupleix en faisoit lui-même l'aveu à M. Godeheu, dans une Lettre
qu'il lui écrivit le 14 Août 1754. *Vide* Pièces Just. n° 11.

vous & moi, l'arrivée de M. Godeheu, à qui il faut pré-
senter le spectacle d'une profonde paix dans tous nos Do-
maines.

Quand on veut critiquer tout, on tombe dans des ab-
surdités impardonnables. Quoi! Monsieur, vous qui vous
annoncez comme un grand Capitaine, comme un grand
Négociateur, comme un grand homme enfin, vous êtes
surpris de ce que j'ai écrit à M. *de Moracin* de se tenir sur
ses gardes, parce qu'il pourroit bien être attaqué dans
le mois de Janvier! Vous sçavez que c'étoit le tems où
la première trève devoit expirer. Les *Anglois* avoient
cinq Vaisseaux de guerre, & des troupes supérieures en
nombre & en qualité. La Compagnie me marquoit ex-
pressement (1) par sa Lettre du 9 Mars 1754, que je pourrois bien être attaqué du côté du Nord. M. *Saunders*
traînoit les Negociations en longueur, & ne pouvoit se
déterminer *à raser les fortifications de Nélépelly.* M. *de*
Moracin m'avoit écrit précédemment ʺ que la Ville de
ʺ *Mazulypatam* n'étoit point fortifiée, qu'il n'y avoit
ʺ aucun ouvrage fait; qu'il n'avoit jamais pu avoir de
ʺ la brique, de la chaux & du bois; que la poudriere
ʺ même étoit encore dans une maison de bois au milieu
ʺ de la Ville; ʺ & vous trouvez extraordinaire que j'aie
écrit 9 *jours* avant la signature *du traité conditionnel,* que
nous pourrions bien être attaqués au mois de Janvier.
Oui, Monsieur, nous l'aurions été, & nous aurions tout
perdu par votre négligence depuis quatre ans à ordonner
les travaux nécessaires pour conserver toutes ces possessions dont vous faisiez tant de cas. Et à quoi ont donc
été employés ces revenus immenses dont la première per-
ception devoit servir du moins à vous mettre en état d'en
jouir sans inquiétude?

Vous dites quelque part, Monsieur, & je crois que
c'est à la page 160, que m'appercevant trop tard du
tort que j'avois fait à l'État & à la Compagnie, j'avois

prié

(1) *Vide* Pièces
Just. Nº 12.

prié M. *de Moracin* de ne rien épargner pour détruire les bruits défavantageux que les *Anglois* faisoient courir fur *le Traité conditionnel*. La réponse est très-aisée. M. *de Moracin* n'avoit qu'à faire ce que M. *de Leyrit* mandoit. à M. *de Buffy* dans la Lettre que vous citez, page 170. Vous avez oublié cet Article, il est bon de vous en faire fouvenir.

» Il me paroît, par ce que vous me marquez, que la tra-
» duction qu'ils (*les Anglois*) en ont fait faire en Per-
» fan (du traité) n'est pas fidéle. Le choix de *Mazu-*
» *lipatam* ou *de Divy* n'est point à leur option : ce fera
» à nous au contraire à choifir celui des deux endroits
» qui nous conviendra le mieux. Cette infidélité dans
» la traduction m'engage à vous en envoyer une copie :
» infinuez aux *Maures* que la traduction de ce traité n'est
» pas juste, & que les *Anglois* en ont altéré le fens, &
» l'ont tourné à leur avantage.

(1) Ce que vous dites encore fur ce que je mandois au   (1) Mémoire
Sieur *de Moracin*, qu'il ne falloit point abandonner *S'a-* de M. Dupleix,
labetzingue, quoique mon deffein fût tout contraire, est Page 153.
de la même force que tout le reste.

En vérité, Monfieur, vous ne connoiffez guères l'efprit de politique & de Négociation, fi vous trouvez dans
cet ordre quelque chofe d'extraordinaire. J'écrivois au
Sieur *de Moracin* au mois de Septembre ; & de bonne
foi, pouvois-je m'ouvrir à lui en toute fureté, en compa-
rant les termes dont il s'étoit fervi en m'écrivant, avec
les Lettres qu'il vous avoit écrites quelques jours auparavant, & qui étoient tombées entre mes mains? Que pouvois-
je penfer de cette contradiction? J'ai donc dû diffimuler,
en difcutant feulement fes idées fans les rejetter, ni les
accepter ouvertement. Je l'ai fait, & je m'en fuis ap-
plaudi.

La page 159 m'offre encore quelques articles effentiels
à relever. Je vais les tranfcrire à mi-marge avec mes Réponfes.

Vous dites, pages 158 & 159, que je comptois que les

D

Anglois exécuteroient le traité conditionnel de bonne foi; & que je manifestois assez cette persuasion.

1°. En leur laissant la liberté de conserver dans l'*Inde* une Escadre de cinq Vaisseaux de Guerre, pendant que nous n'en avions point.

1°. Il me semble que quand on traite avec une Puissance pour une Trève qui emporte toute cessation d'hostilité, les forces de terre & de mer y sont également comprises.

Les Officiers en étoient si convaincus, que M. le Comte de Dampierre (a) qui m'a permis de le citer, m'a assuré qu'étant à *Madras* prêt à s'embarquer pour repasser en *Europe* sur un Vaisseau *Anglois*, » les Amiraux *Waston* & *Pokok* avoient déclaré hautement » que je leur avois coupé la gorge en faisant un Traité qui » leur lioit les mains, & les empêchoit d'exécuter les or- » dres qu'ils avoient de faire main-basse sur tous les Vais- » seaux de la Compagnie, en représailles des *Chelingues* » chargées de Troupes *Angloises* que vous aviez fait arrê- » ter à leur passage de *Madras au Fort Saint David*, » quoique les deux Nations fussent alors en pleine paix.

Ce fut par ordre supérieur que peu de jours après mon arrivée à Pondichéry, je renvoyai ces prisonniers à *Madras*. Enfin il est vrai, que jusqu'à ce que la déclaration de guerre entre les deux Couronnes ait été connue aux *Indes*, tout y a été tranquille.

La preuve en résulte de ce que M. Leyrit m'écrivoit le 28 Juillet 1756. Voici ses expressions.

Nous ne nous sommes point encore ressentis de ce côté-ci des actes d'hostilité qui se commettent en Europe, & je juge par la conduite que tiennent les Anglois, qu'ils attendront que la guerre se déclare............ J'ai maintenu jusqu'à présent dans cette partie la tranquillité que vous y avez laissée, &

(a) Depuis que cette Lettre est écrite M. *de Dampierre* est mort; mais je ne cite ici que ce qu'il m'a déclaré devant dix personnes très-croyables, & qui étoient alors chez moi.

je me propose de ne changer de conduite que lorsque j'y serai forcé par les circonstances.

2°. *En ne faisant faire ni à Pondichery (il l'avoit même défendu) ni ailleurs aucune des réparations les plus urgentes & les plus indispensables, & en ne faisant raccommoder aucun de nos trains d'Artillerie, dont le plus grand nombre étoit hors d'état de servir.*

2°. Comment aurois - je défendu de travailler aux fortifications de *Pondichery*, lorsque je mandois au *Sieur Moracin* de se tenir sur ses gardes à *Mazulipatam*, parce qu'il pourroit bien y être attaqué ? Cela se contredit. Mais distinguons, s'il vous plaît, les travaux que je jugeois nécessaires, d'avec ceux qui ne l'étoient pas. Je restraignis à une somme modique les dépenses pour des travaux civils, & qu'on pouvoit remettre à un tems plus heureux. Il est vrai que quelques personnes accoutumées à en retirer un grand bénéfice, furent très-étonnées de voir un Commandant Général percer l'obscurité de ces détails. Vous les jugiez, Monsieur, trop au-dessous de vous.

Je défendis donc cette espèce de travaux, mais j'ordonnai la réparation du bastion de *Madras*, celle du chemin couvert, & d'une des écluses du fossé qui entoure la Ville ; une grande partie s'en étoit écroulée en une nuit. Ces ouvrages, de la façon dont ils avoient été construits, ne méritoient pas le ton d'emphase avec lequel on en avoit parlé à la Compagnie.

Je fis prendre avant mon départ les mesures les plus justes pour faire venir dans la Ville les eaux d'*Oulgaret*, & en cela je servois l'Etat & l'humanité, en procurant aux Sujets du Roi de bonne eau qui devoit leur épargner bien des maladies. Je sçais que vous aviez eu une pareille idée ; mais vous trouviez plus de gloire à bâtir dans la Citadelle un Gouvernement qui domine sur la mer, & où l'or & l'argent brillent avec profusion ; à faire transporter à grands frais de *Gingy* à *Pondichery* des Colonnes énormes de pierres, dont

D ij

vous efpériez fans doute élever un trophée pareil à celui *de la Colonnade de Madras*, que vous avez fait placer entre le rivage & le Fort de Pondichery. Cet ouvrage éternifera à jamais la mémoire de M. de la Bourdonnais. A l'égard des Magafins, des Fontaines, des Cazernes, &c. tout cela étoit peu digne de votre attention;puifque je n'ai trouvé aucun de ces édifices de premiere néceffité, lorfque je fuis arrivé dans l'Inde.

J'ordonnai encore les réparations néceffaires à *la Pagode de Chalembron*, & à celle de *Cheringhan*. Il eft vrai que je recommandai qu'on ne fît que ce qui étoit néceffaire pour la fûreté des poftes ; nos facultés étoient trop peu confidérables.

Quant à l'Artillerie, j'avoue qu'elle étoit dans un état pitoyable quand j'arrivai à *Pondichery*. Mais ce n'étoit pas ma faute. Je fis monter des Canons fur les Remparts. Je chargeai un Officier intelligent, nommé M. *Charpentier*, de faire faire des affuts. Enfin j'ordonnai expreffément au Sieur *Bruno* de faire faire au Pégu des uftenfiles de toutes efpèces. On peut voir dans l'Extrait du Journal du *Sieur Saubinet*, cité dans le Mémoire de la Compagnie, & dans la Lettre du *Sieur de Maiffin*, (a) en quel état étoit l'Artillerie du Siége de *Trichenapaly*.

3°. *En réformant la plus grande partie de nos* Cipayes *fans les payer, & en laiffant des ordres, qui ont été exécutés, de réformer le refte après fon départ.*

3°. Pendant les fix mois que j'ai paffé à Pondichery, les Cipayes comme les Troupes Blanches ont été payés exactement. Les Journaux de la Caiffe Militaire, tenus par les Tréforiers, & les Etats de revûe des Commiffaires, fignés d'eux, en font foi. Je ne crois pas que vous en produifiez de pareils. C'eft cependant fur ces Piéces feules que les Ordonnances du Roi exigent que les comptes des Tréforiers foient arrêtés. S'il y a eu des Cipayes renvoyés fans être payés, c'eft de ce que vous

(a) C'eft celle qu'il a rendue publique.

leur deviez avant mon arrivée. Vous vous fouviendrez qu'avant que je paruffe à la côte, il y avoit eu des révoltes au Camp fous Trichenapaly, faute de paye.

Enfin, il eft donc bien étonnant qu'après la fignature d'un Traité qui doit durer 18 mois, on réforme de mauvaifes Troupes qui coûtent beaucoup, & volent encore plus. Si la prudence ne m'avoit retenu, j'aurois tout réformé fans doute, mais je ne l'ai pas fait, & l'état de réforme fucceffif que je laiffai à *Pondichery* en fait foi. Et pourquoi n'aurois-je pas penfé comme la Compagnie qui vous écrivoit le 4 Décembre 1751 ? » Nous devons fuppofer » que la Paix étant faite, vous auriez réformé la Compa- » gnie de Dragons, & tous les *Cipayes* inutiles.

A qui voudriez-vous faire croire qu'on ne trouve pas à *Pondichery* des *Cipayes* quand on en a befoin ? L'état des Troupes exiftantes au premier Octobre 1755 (a), figné du *Sieur Saubinet* (cet Officier faifoit fonction de Major à Pondichery) prouve que nous avions alors 3418 *Cipayes*.

4°. *En nourriffant & en payant fi mal nos Troupes Européennes, qu'il déferta 200 Soldats qui pafferent chez les Anglois. Ceux-ci au contraire réparoient très-diligemment leurs places, ne congédioient aucunes Troupes, & payoient très-bien tous leurs Soldats, & même leurs déferteurs.*

4°. Je vous ai déja prouvé que les Troupes, tant Blanches que Noires, ont été payées très-exactement: à l'égard de leur nourriture, elle ne leur a jamais manqué, telle que vous l'aviez établie vous-même en Campagne. Il eft vrai que de la façon dont vous vous y étiez pris pour ces fortes d'arrangemens, il ne devoit pas y avoir fur cette partie fi effentielle une régle bien conftante; c'eft auffi pour cela que la Compagnie a vu dans plufieurs de mes obfervations le mal qui en réfulte, & le remède qu'on peut y apporter. Le meilleur fans doute eft de

(a) J'étois parti de *Pondichery* le premier Février de la même année, donc les prétendus ordres que j'avois donnés de réformer tous les *Cipayes* après mon départ, n'ont point été exécutés, comme l'avance M. Dupleix.

fuivre l'exemple des *Anglois* ; vous l'avez eu long-tems
fous les yeux , fans en profiter. Tout le monde fçait que
le jour même que M. *de Maiffin* prit le commandement
de l'Armée fous *Trichenapaly* , il y avoit 24 heures que
les Troupes n'avoient mangé. Quant aux déferteurs ,
je ne fçache pas qu'il y en ait eu beaucoup parmi les *François* ; il y en a eu davantage parmi les *Allemands* ; mais le
nombre n'en étoit pas fi grand à mon départ. Je n'en connois en tout que 56 , dont 18 devant *Trichenapaly* , 23
fur la route de *Mazulipatam* , & le refte du Camp de *Périmbé* ; il en étoit mort 36 depuis mon arrivée. Ces Soldats s'étoient plaints même avant leur départ de l'*Orient* ,
qu'ils ne recevoient pas la paye qui leur avoit été accordée:
ces plaintes fe renouvellerent à bord du Vaiffeau fur lequel j'étois. J'en parlai très-férieufement à l'Officier qui
les commandoit. Je fis avec lui un arrangement affez avantageux , pour croire qu'on feroit plus exact à payer les
Soldats. J'ai envoyé cette feconde Capitulation à la Compagnie. Mais comme il étoit expreffément ordonné par la
premiere Capitulation dont vous n'avez aucune connoiffance , que l'argent de la paye feroit donné aux Officiers
pour le diftribuer aux Soldats , & que l'on fçait affez
quelle eft la fubordination des Soldats Allemands ,
les plaintes continuerent , fans qu'il me fût poffible de découvrir fi elles étoient fondées. Je veux croire que non ,
& en ce cas , cette défertion n'eft provenue que d'un efprit de légereté affez ordinaire parmi des Troupes Etrangères , & ramaffées au hazard.

Quant aux *Anglois* , fi, comme vous l'affurez , ils fe font
comportés différemment , c'eft qu'ils avoient plus d'argent
que nous. Eft-ce encore à moi qu'il faut s'en prendre ? Vous,
Monfieur , en ne payant pas même les troupes , vous en
manquiez à mon arrivée. Votre crédit & vos reffources
étoient donc épuifés avant que je paruffe dans l'Inde ?
Oui fans doute ils l'étoient , puifqu'au mois d'Août je
ne trouvai aucun contrat fait pour les cargaifons de retour , ni aucunes avances diftribuées aux *Marchands.* C'eft

à ces opérations importantes que vous auriez dû employer votre crédit dès les mois de Février ou de Mars (a) précédens, si vous en aviez eu.

Voilà, Monsieur, ce que j'avois à répondre à la terrible sortie que vous avez faite contre moi. A présent, je vous prie de vouloir bien mettre au jour les Lettres des *Gouverneurs* & des *Conseils*, écrites à la *Compagnie*, qui contiennent les griefs que vous m'imputez; c'est dans ces sortes de Lettres qu'un homme comme vous doit chercher la vérité, & non dans cet amas de Libelles aussi obscurs que leurs Auteurs, & qui ne peuvent servir qu'à perpétuer l'ignorance, les débats & le désordre. Vous les citez cependant comme des pièces authentiques & victorieuses; mais je dois prévenir le Public, que comme vous ne vous connoissez pas en hommes, votre jugement ne doit pas déterminer le sien. Toutes vos Lettres à la Compagnie sont remplies de contradictions sur les mêmes sujets : il n'y a qu'à lire ce que vous avez écrit en différens tems de MM. *le Noir* & *Dumas*, Gouverneurs, *Saint-Paul* votre beau-frere, *Moracin*, *Dauteuil*, *Law*, *Astruc*, *Maissin*, *Amat*, *Anaverdikan*, *Nazersingue*, *le Nabab de Velours*, &c. &c.

Je ne finirois point, si je voulois relever toutes les fictions de votre Avocat. Je suis presque tenté de croire que vous les ignorez; je m'imagine que vous avez dit . . . . . qu'on fasse un Mémoire. Aussi-tôt on s'est jetté sur un amas énorme de papiers. On a interprété, tronqué, allongé, falsifié, éloigné, ou rapproché mille lambeaux épars çà & là. Il est malheureux pour vous qu'on n'en ait pû composer qu'un tissu de puérilités, d'allégations fausses, & de sophismes. Est-ce donc l'Auteur du Mémoire de

_____

(a) M. Dupleix n'ignore pas que l'avantage des ventes dépend du bon choix & du bon assortiment des marchandises de retour; mais que l'on ne peut se le procurer, si on ne fait pas de contrats de bonne heure; & si on ne donne pas aux Marchands des avances en argent, aussi-tôt qu'on a contracté avec eux.

M. *de la Bourdonnais* qui a entrepris pour vous ce travail ingrat ? Et quelle reconnoiffance ne lui devez-vous pas pour vous avoir peut-être facrifié fa vie, en s'efforçant de plier à fon projet tous vos matériaux ? Ils étoient peu propres à conftruire un folide édifice. Je vais vous en citer quelques exemples.

Mémoire de M. Dupleix, page 16.
Votre Avocat a trouvé dans une Lettre que la Compagnie vous avoit écrite en 1746; c'eft-à-dire, dans le fort de la guerre Nationale entre *la France* & *l'Angleterre*, cette phrafe : " Les talens & le zèle que nous vous con
" noiffons, nous tranquillifent beaucoup dans les cir
" conftances critiques où nous fommes. De votre côté,
" foyez parfaitement affuré que nous ne vous perdrons
" pas de vûe, & que nous vous ferons paffer du fecours
" de toute efpèce, & le plus qu'il nous fera poffible.

C'étoit un encouragement que la Compagnie vous donnoit pour une guerre jufte que nous avions à foutenir en 1746.

C'eft cette même phrafe que l'Avocat a découfuë adroitement du corps de la Lettre écrite en 1746, pour l'adapter à une Lettre que la Compagnie vous a écrite en 1748, époque de la ceffation de la guerre Nationale & du commencement de celle que vous alliez déclarer de votre chef. Le but de votre Avocat a été, fans doute, de faire penfer que la Compagnie avoit eu envie de vous exciter par des louanges & par des promeffes, à vous livrer à des projets *qu'elle ne connoiffoit pas, & dont vous-même vous n'aviez alors qu'une idée très confufe.* Je ne ferai point d'autres réflexions fur cette infidélité. En voici une autre qui me tombe fous la main.

Mémoire de M. Dupleix, page 169.
C'eft l'article de la Lettre de *M. de Leyrit* à *M. de Buffy* que votre Avocat a cité. Le voici tel qu'il a été oublié. Avant ces mots …. *La Compagnie mal inftruite* …..
on lit, *M. Godeheu eft arrivé ici avec des inftructions qui ne tendoient toutes qu'à la paix ; il n'a pu faire autrement que de s'y renfermer.* La parenthèfe qui eft à la fin de cet article, tel que vous l'avez cité, n'eft pas dans

dans la Copie envoyée à la **Compagnie**, & après ces mots... *Le mal n'eſt pas ſans remède*, on lit ceux-ci... *La trève que M. Godeheu nous a procurée nous donne le tems de réparer nos forces que pluſieurs échecs conſécutifs avoient en quelque ſorte épuiſées, & l'on eſt en état aujourd'hui de les déterminer pour la guerre, ſi les Anglois veulent nous faire acheter la paix à des conditions qui ne conviennent pas.* N'eſt-ce pas-là, Monſieur, le même eſprit qui a dicté la Lettre que *M. de Buſſy* m'écrivit le 14 Janvier 1755, après la ſignature du traité de paix? Voici ſes propres termes: » L'idée
» que vous avez formée d'un traité conditionnel, qui
» en ſuſpendant toute hoſtilité, nous donnera le tems
» de former de nouvelles alliances, d'affermir les an-
» ciennes, & de mettre nos conceſſions à l'abri des in-
» ſultes de l'ennemi, eſt à mon avis un coup d'Etat, &
» un chef-d'œuvre de politique, auquel *l'Europe* & *l'Aſie*
» applaudiront.

De ſon côté, M. de Leyrit m'écrivit le 5 Octobre 1755.
» Les accords que vous avez faits avec M. *Saunders* ont
» été à tous égards avantageux à la Compagnie, puiſqu'ils
» ont été faits dans des circonſtances qui ne nous étoient
» pas favorables. Les *Anglois*, ſupérieurs en force, étoient
» en état de nous battre par-tout, & de nous renfermer
» de ces côtés-ci dans nos murailles. Mais au moyen
» du traité de trève, nous nous ſommes maintenus dans
» nos poſſeſſions, nous reſpirons, & nous rétabliſſons
» nos forces, que pluſieurs échecs conſécutifs avoient
» épuiſées. » Et le 18 Juillet 1756, ce même Gouverneur
me marquoit, » *Salabetzingue* s'eſt déclaré contre nous.
» Ses Troupes tiennent M. *de Buſſy* aſſiégé dans *Ayde-
» rabat*; j'ai été obligé de faire paſſer dans le Nord une
» partie des forces que j'avois ici pour le tirer d'embarras,
» & aſſurer ſa retraite....

» Il ſeroit aujourd'hui à ſouhaiter *que le traité condi-
» tionnel que vous avez fait avec M. Saunders pût avoir lieu,*

E

» Notre rupture avec *Salabetzingue* feroit pour nous une
» occafion favorable de le mettre à exécution.

» Cette révolution doit nous dégoûter pour toujours de
» l'alliance des *Maures : j'ai paru à la vérité l'an paſſé dans*
» *des fentimens contraires , mais tout ce que j'ai dit à ce*
» *fujet ne tendoit qu'à prendre des furetés contre la mauvaiſe*
» *foi des Anglois.*

Mais , Monfieur, qui a donc pu infpirer à votre Avocat cette fureur avec laquelle il ne ceſſe de me pourſuivre ?
On lui a donc dit que tout ce qui porte mon nom , doit
être l'objet de ſes invectives. Avec quelle audace n'a-t-il
pas cherché à jetter des ſoupçons de connivence & d'infidélité ſur mon frere, qui depuis mon départ pour les Indes
commandoit au port de l'Orient ? J'avoue que ma pa-
tience s'eſt laſſée en liſant ce trait , d'autant plus dange-
reux , qu'il eſt caché ſous le voile de la ſimplicité.

Mémoire de M.   Il dit en parlant de l'envoi de la Frégatte l'*Utile*, qui
Dupleix, p. 126. devoit me porter de nouveaux ordres, » Mais il (*le Sieur*
» *Dupleix*) ne ſçait pas par quelle fatalité l'expédition
» de cette Frégatte fut auſſi lente au port de *l'Orient* ;
» d'ailleurs cette Frégatte , pour une expédition qui de-
» mandoit une grande célérité, étoit très-mauvaiſe, &
» marchoit mal.

Eh bien , Monfieur, il faut , comme il eſt dit quelques lignes plus haut dans votre Mémoire , mettre le Public en état, par des vérités reconnues, d'aprécier la bonne
foi de votre Avocat.

C'eſt par ſa Lettre du 9 Mars, que la Compagnie donna
ordre d'armer la Frégatte l'*Utile.*

En réponſe , on lui écrivit de l'Orient, que cette Frégatte feroit prête ſous 10 ou 12 jours. Elle le fut ; mais
les dernières dépêches de M. *le Garde des Sceaux* ne ſont
datées que du 4 de Mai, & les derniers ordres de la Compagnie , & les Inſtructions très-amples du Comité ſecret
qui m'étoient adreſſées, ſont du 3 & du 4 Mai. A leur réception la Frégatte partit. Vous conviendrez que ce n'étoit

pas perdre du tems. Ces Instructions, je les avois exécutées d'avance. A l'égard du choix de la Frégatte, il avoit été fait par la Compagnie à Paris; & elle l'avoit elle-même désignée.

Après avoir épuisé l'attention des Lecteurs par un volume immense d'histoires & de réflexions, il est heureux que vous ayez trouvé jour à les délasser par un épisode marqué au coin de la bonne plaisanterie, & capable de faire une agréable diversion; c'est celui de mon départ de Pondichery. Que d'esprit, que d'art, on a employé à tourner en ridicule une aventure dont le récit, fait naturellement, n'auroit pas pu figurer dans un Roman tel que le vôtre!

On vous a mandé, dites-vous, *que lorsque je m'embarquai, je sentis des remords si cuisans de ce que j'avois fait, que la tête n'y étoit plus; que je me jettai sur un lit en arrivant à bord, & que je priai les respectables Députés du Conseil qui m'avoient accompagné, de se retirer, & de me laisser seul.*   Mémoire de M. Dupleix, p. 126.

Quoi, Monsieur, vous vous êtes persuadé que plus de cinq semaines après la signature du traité conditionnel, j'ai pu me repentir de ce que j'avois fait! C'eût été un peu tard. Cependant je crois que personne ne s'est apperçû que pendant cet intervalle la tête m'avoit tourné. Mes correspondances toujours suivies, tous les Conseils que j'ai tenus, beaucoup d'arrangemens pris pour la réforme des dépenses, dont bien des gens ont murmuré, & sans doute les Auteurs de ces Lettres qui vous ont été écrites, tant d'ordres sur chaque partie d'administration, & qui ont été mis sous les yeux de la Compagnie qui les a approuvés : enfin, le travail sur les fonds que M. *le Garde des Sceaux* m'avoit ordonné par la Lettre que vous citez, & qui n'est nullement à votre avantange, tout cela prouve, ce me semble, que ma tête étoit encore passable. Et de quoi donc pouvois-je me repentir? D'avoir rétabli la tranquillité dans un pays, qui depuis dix ans étoit le théâtre d'une guerre sanglante? d'avoir par ce traité, qui ne lioit

ni la Compagnie ni l'Etat, rappellé le commerce qui étoit
banni, fait revivre les Manufactures anéanties, rendu les
Tisserands à leurs métiers abandonnés, & les Cultivateurs
à leurs terres, si long-tems stériles & dépeuplées ? d'avoir
enfin procuré quelque tems de relâche à des malheureux
qui ne souffroient pas pour leur propre cause ? Il faut avoir
le cœur bien dur pour reprocher de pareilles actions.

D'ailleurs, ce traité, tel qu'il est, ne s'écarte pas d'un
projet que m'avoit donné le R. P. *Lavaur* (a). Je l'ai sous
mes yeux écrit de sa main. Je n'ai donc pas agi *seul*, &
sans conseil, comme vous l'avancez, page 288 ; & qui ai-je
consulté ? Ce font les personnes en qui vous aviez le plus
de confiance.

Votre Roman se réduit donc à me représenter accablé
du mal de mer que j'avois éprouvé dans la *Chelingue* depuis le rivage jusqu'au Vaisseau.

M. *le Noir*, dont vous faites un éloge très-flatteur &
très-vrai, (quoique j'aie entre les mains une Lettre ori-
ginale (b) signée de vous contre ce Gouverneur) M. *le
Noir*, dis-je, étoit sujet au même mal, & jamais ses
ennemis n'ont songé à tirer avantage de pareils acci-
dens.

Pour vous, Monsieur, qui êtes d'une constitution plus
robuste, votre personnage fut différent du mien. On assure
qu'étant arrivé à bord, vous appuiâtes vos deux mains
sur la *lisse du Passe-avant*, & qu'en jettant de tristes regards tantôt sur la Mer, tantôt sur *Pondichery*, vous
vous écriâtes : » Il est donc vrai que je suis à bord du Vais-
» seau *le Duc d'Orléans ;* qui me l'auroit dit, il y a trois
» mois, je ne l'aurois pas cru.

S'il est vrai, comme vous le dites, que je sois privé

(a) Le Pere Lavaur, Supérieur des RR. PP. Jésuites à Pondichery,
avoit été un des Députés de M. Dupleix aux conférences de *Sadras* :
ce R. P. étoit sans doute l'ame de la Négociation. MM. de Kerjean,
neveu de M. Dupleix, & du Bausset, Conseiller, l'assistoient.

(b) Cette Lettre est du 25 Septembre 1727, & n'est signée que
de MM. Dupleix, Dirois, Vincent & du Laurens.

de toutes les qualités du cœur, de l'esprit, du jugement,
& des moindres connoiffances, comment ai-je pu, pendant plus de quatre ans écoulés depuis notre retour, faf-
ciner tellement les yeux des Miniftres & de la Compagnie que je n'en aie encore reçu aucun blâme? On a cependant eu le tems d'examiner ma conduite, foit pour
l'adminiftration civile, foit pour la politique, foit même
pour les opérations militaires; & vous, avec toute la juf-
teffe de raifonnement *que donnent les Mathématiques* (1),
vous n'avez pas encore pu venir à bout de les perfuader.

(1) Mémoire de M. Dupleix, pag. 9.

En voilà affez fur les Négociations. Quand vous voudrez, nous produirons nos projets de Campagne, ce fera
encore un délaffement pour le Public, & vous verrez
qui de nous deux gagnera à la comparaifon.

Puifque l'occafion s'en préfente, il me prend envie de
dire un mot fur l'affaire de *Trichenapaly*, dont vous parlez
dans votre Mémoire. Je me garderois bien de rien ajoûter à la Lettre que vous avez reçue de *M. de Maiffin*, fi
vous n'aviez pas pris plaifir à jetter fur ma conduite, &
fur celle de ce brave Officier les foupçons les plus injurieux.

Vous avez vû par cette Lettre que ce fut trois jours
après mon arrivée que j'envoyai trois cens hommes fous
les ordres de *M. de Maiffin* pour fe rendre à l'armée devant *Trichenapaly*. Je n'étois donc pas auffi indécis que
vous avez voulu le faire croire. Voici comme je me
comportai.

Je ne cédai qu'à regret à vos inftances, (2) parce que
je fçavois que le Miniftre & la Compagnie *vous avoient
défendu de rifquer des troupes à 45 lieues de la place principale fans communication, & fans fureté pour les convois.* (a) Moi-même je ne comptois pas apprendre en
débarquant à *Karikal*, que vous aviez encore une armée

(2) *Vide* Pièces Juft. n° 13.

(a) Ces ordres par lefquels il étoit défendu à M. Dupleix de
faire fortir des limites de Pondichery les troupes qu'on lui envoyoit
en 1752, feront produits dans le Mémoire de la Compagnie.

fous *Trichenapaly*, aux ordres de M. *de Mainville*, qui avoit déja perdu devant cette place beaucoup de troupes & de munitions. J'ai toujours rendu juftice à la bravoure de cet Officier, qui peut-être ne pofſédoit pas au même degré le talent de commander.

Ce que je fis pour aſſurer le paſſage de ces trois cens hommes que j'envoyois à Trichenapaly, eſt encore une matière que j'expoſe à votre critique. Vous l'avez oubliée. Vous leur auriez dit : *Paſſez ſur le corps de tout ce qui voudra s'oppoſer à votre marche.* On vous a toujours vu, fupérieur aux craintes & aux événemens, rifquer tel corps que ce fût, & tel que vous pouviez l'équiper pour entrer en Campagne; le nombre des ennemis, leur poſi-tion, la qualité de vos troupes, les fuites d'un échec, rien ne vous arrêtoit.

Pour moi, j'avois puiſé dans d'autres fources, j'avois appris qu'il falloit toujours ménager les hommes, & ne les pas expoſer à combattre fans néceſſité & fans une ap-parence de fuccès, que ces fuccès même ne pouvoient compenfer l'inexécution d'un projet principal.

Je pris mes meſures en conſéquence, je fus informé, (& vous me l'écriviez vous-même) qu'il y avoit un corps de troupes confidérable raſſemblé *au Fort Saint-David*. Ce corps, fur la premiere nouvelle de la fortie de nos trois cens hommes, pouvoit les attendre fur la route ; j'envoyai mafquer le *Fort Saint-David* par un corps d'ob-fervation aſſez refpectable, fous les ordres de M. *Goupil.* Ce fort détachement campa en-dehors des limites *An-gloiſes*, s'y retrancha, & nos trois cens hommes paſſerent fans coup férir jufqu'à l'armée devant *Trichenapaly.*

Qu'y trouverent-ils ? Des troupes découragées par de mauvais fuccès conſécutifs depuis que vous vous obſtiniez à faire le fiége de cette place. Avant mon arrivée elles s'étoient déja revoltées faute de paye. Il y avoit 24 heures qu'elles n'avoient mangé. La difcipline regnoit fi peu dans cette armée, que quand elle fut revenue à *Pon-dichery*, les Sergens qui fe battoient avec les Soldats, ne

fçavoient même pas faire l'exercice ; je fus obligé de le
leur faire apprendre dans une école particuliere ; un Dé-
ferteur effuya fous mes yeux quarante coups de fufil de la
part des Grenadiers chargés de cette exécution. Un d'eux
tomba en foibleffe. L'artillerie n'étoit pas en meilleur
état que le refte, puifqu'à l'affaire de M. de Maiffin elle
ne put tirer que 12 coups. Tout cela eft configné dans les
Lettres de M. de Maiffin & dans le Journal de M. de Saubinet, brave Officier, que j'avois envoyé à cette armée
pour faire les fonctions de Major (a). Et vous foutenez
qu'avec ce phantôme d'armée j'aurois pris Trichenapaly,
que M. de Mainville affiégeoit inutilement depuis 11 mois,
& qu'un convoi intercepté devoit la faire tomber entre
nos mains ! Mais vous, Monfieur, qui aviez fait inter-
cepter des convois, tenter des efcalades ; vous, qui depuis trois ans aviez vû conftamment vos troupes fi fouvent battues, difperfées, prifes, & renouvellées devant
Trichenapaly ; vous qui avez été deux fois prêt à vous
voir forcé dans Pondichery que vous laiffiez dégarni de
troupes, ainfi que vos autres Places, pour fatisfaire un
vain point d'honneur, avez-vous mieux réuffi ?

Vous aviez, direz-vous, de mauvaifes troupes. Celles
que j'avois amenées n'étoient pas meilleures. Il n'y avoit
pas fix Huffards qui fçuffent brider leurs chevaux. Les
feuls Grenadiers Allemands avoient vû le feu. Les François étoient comme ceux qui vous avoient été envoyés
précédemment, & j'en avois laiffé un grand nombre des
uns & des autres malades à l'Ifle de France. Le Centaure
en rapporta 350 à Pondichery.

Vous dites quelque part dans votre Mémoire, que
pour une Compagnie de Commerce, la guerre ou la paix
n'eft qu'une affaire de calcul. En ce cas, il paroît bien
que vous n'avez pas fçu calculer l'étendue de vos projets
avec vos moyens. C'eft-là le calcul que vous aviez à faire,

(a) Ce Journal fera produit dans le Mémoire de la Compagnie.

en laiffant aux Miniftres & à la Compagnie le foin de juger de l'utilité ou du défavantage qui devoient réfulter de
l'exécution de vos projets avant que de rien entreprendre.

Pour moi, je foutiendrai toujours que fi j'avois donné
à M. *de Mauffin* l'ordre imprudent de s'abandonner fur
l'Armée Ennemie, fans apparence de fuccès; c'en étoit
fait du refte de nos Troupes qui ne furent fecondées ni
par celles de *Nandy-Raja*, ni par *Moraro* qui s'étoit fépa-
ré de vous avant mon arrivée, & que cet échec m'auroit
mis hors d'état ou de traiter pour la tranquillité générale,
ou d'exécuter d'autres projets plus importans que celui de
la prife de la Ville de *Trichenapaly*.

Voici quels étoient ces projets, fi la guerre avoit continué.

Laiffant unCorps de Troupesbien retranché dans les Pagodes de l'Ifle de *Cheringhan* devant *Trichenapaly*, comme
il y a toujours été jufqu'à mon départ de l'Inde, mes efforts
auroient tourné d'un côté tout oppofé; dans un pays fer-
tile, rempli des plus belles Manufactures, trop bien confervé par votre faute, & dont les *Anglois* n'auroient jamais dû fe rendre maîtres; vous n'avez jamais fçu pénétrer leur deffein qui a toujours été de vous occuper du
côté de *Trichenapaly*, & d'y épuifer vos forces.

Comme le fuccès de mon projet dépendoit d'un efprit
de prévoyance, je me contentai de former du refte de nos
Troupes un Camp de difcipline fur le côteau de *Périmbé*,
peu éloigné de *Pondichery*. Je ne réfervai dans cette Place principale que ce qui étoit abfolument néceffaire pour
monter la Garde. Ce Camp fut fortifié, & on y fit le fervice comme en campagne. Ces troupes apprenant tous les
jours quelque chofe de nouveau (& elles en avoient befoin),
d'ailleurs en bon état, & toujours prêtes à marcher, foit
dans le *Nord*, foit dans le *Sud*, donnoient une continuelle
jaloufie aux *Anglois* qui ne fçavoient où je devois porter
les premiers coups. J'aurois encore excité cette jaloufie par
l'alliance que je comptois renouveller avec le Roi de *Tanjaour*;

jaour; alliance fi avantageufe pour nous, puifque nous avons des terres dans fes Etats, & fi néceffaire pour faciliter la prife de *Trichenapaly*. Ma correfpondance avec M. *Porcher*, Chef à *Karikal*, prouve que j'avois entamé ce Traité. La tranquillité que je laiffois dans le pays pouvoit l'amener à fa conclufion. Cette façon d'agir étonna les *Anglois* peut-être autant que vous, & cette incertitude où je les tenois, les obligeoit à fe tenir en force à *Trichenapaly*, & à fe dégarnir de leurs munitions pour en pourvoir cette Place. Dans le même tems, je fis enlever le Fort d'*Outrématour* dans le Nord, entre *Pondichery* & *Madras*, & peu éloigné de *Chinguelpet* qui leur appartenoit.

Ce fut quelque tems après que je conclus avec M. *Saunders* une Trève de trois mois feulement pour ce qui regardoit la Province d'*Arcate*, parce que je réfiftai toujours à l'envie extrême que ce Gouverneur me témoignoit d'y comprendre le *Dékan* & les pays du Nord. Il eft encore bon de vous rappeller que cette Trève n'eut lieu qu'après l'arrivée de trois Vaiffeaux de Guerre *Anglois*, qui avoient débarqué au *Fort Saint-David* un Régiment de 1200 hommes de Troupes de la Couronne, & un Corps d'Artillerie & de Génie qui vous auroient fûrement inquiété.

Vous m'objecterez peut-être que des arrangemens fi bien pris pour la difcipline des Troupes, & pour donner de l'inquiétude aux ennemis, & que cette prife d'*Outrématour* devoient m'éloigner d'une Trève qui fuppofe prefque toujours de l'infériorité.

Je vous répondrai, que pour quelques fuccès momentanés & extérieurs, on n'en reffent pas moins vivement le mal intérieur dont la gloire des armes n'arrête pas les progrès. Que ne pourrois-je pas citer pour autorifer la conduite que j'ai tenue dans cette occafion !

Au refte, Monfieur, le projet dont je viens de vous entretenir, fi j'avois été obligé de reprendre les armes, vous le trouverez dans les inftructions que je laiffai à M. *de Leyrit*; il doit vous les avoir envoyées avec toutes

F

fes Lettres , & fans doute les copies de celles que j'avois reçues , & de mes réponfes que je donnai ordre de lui remettre avant mon départ de *Pondichery* (1).

(1) *Vide* Pièces Juft. n° 14.

Lifez auffi ce que M. *de Buffy* m'écrivoit le 24 Octobre. " La prife de *Trichenapaly* , qui , dans les conjonc- " tures préfentes me paroît une chimère , ne ferviroit qu'à " affurer un point d'honneur. Le deffein où vous êtes de " porter la guerre *dans le Nord* de la Province dont on a " laiffé jouir nos Antagoniftes, avec une tranquillité & un " bénéfice dont nous pouvions profiter ; ce deffein , dis- " je , en cas qu'on ne trouve aucune voie de pacification " qui nous convienne , eft le feul qu'il y ait à fuivre.

Mais pourquoi chercher ailleurs des approbations de mon projet quand j'en trouve dans vos Lettres mêmes ? Celle que vous écriviez à M. *Aftruc* , & qui eft citée dans la Lettre que M. *de Maiffin* a rendue publique , prouve que vous ne vous embarraffiez guères de *Trichenapaly*. *Il m'importe peu* , lui difiez-vous , *à qui reftera Trichenapaly*. Quel étoit donc votre deffein en n'entretenant les Miniftres & la Compagnie que de la néceffité de fe rendre maître de cette Place, pour rétablir la tranquillité ?

Trichenapaly n'eft pas la Capitale de la *Nababie d'Arcatte* ; que cette Place eût tombé entre nos mains , combien n'en reftoit-il pas encore aux *Anglois* dans le Nord de cette Province , en y comprenant la Ville même d'*Arcatte* , & toute cette barrière depuis cette Capitale jufqu'à la mer que vous aviez laiffé échapper ?

Je crois, Monfieur, avoir affez bien détruit par des faits connus & avérés , & par des Piéces originales & authentiques , les ridicules perfonnels que vous me prodiguez ; comme ils ne font pas fondés , je n'aurois peut-être pas dû y être fenfible , mais vous fçavez ce vers du méchant :

Un ridicule refte, & c'eft ce qu'il lui faut.

Quant à ceux que vous me donnez au fujet de votre rappel , & du Traité conditionnel , il ne me feroit pas difficile d'entrer dans un grand détail pour les relever.

Votre rappel a été prononcé, & vous criez à l'injusti-ce & à l'oppreilion. Tantôt c'eft la Compagnie qui vous a rappellé à la follicitation des *Anglois*, tantôt votre rappel *eft mon ouvrage feul*.

Page 124.
Page 287.

Mais la Compagnie ne pouvoit rappeller d'elle-même, & fans la permillion du Roi, ″ un homme comme vous, ″ dont les fervices avoient été fi importans ; elle auroit ″ d'ailleurs péché contre la politique.

Ibid.

De mon côté, fi j'avois eu un contre-ordre, & que je ne m'y fuile pas conformé, je me ferois rendu coupable de défobéiffance, & j'en aurois fubi la peine à mon retour. Cependant, loin de me rien imputer à ce fujet, il paroît par la Lettre que M. *de Moras* écrivit à mon frere qui étoit à l'*Orient*, que le Miniftre n'étoit ni fâché, ni même fur-pris de votre retour (1).

(1) *Vide* Pièces Juft. nº 15.

Non, Monfieur, la Compagnie n'a point fçu que vous deviez revenir fitôt *en France*, puifque dans le tems que vous partiez de *Pondichery*, elle vous adreffoit encore fes Lettres aux *Indes*, elle m'écrivoit comme fi vous de-viez y être encore ; vous-même, vous n'en aviez rien ap-pris avant mon arrivée à *Pondichery*, quoique vous euffiez été informé de mon départ de France plufieurs mois avant que je paruffe à la côte.

Le Roi feul a prononcé votre rappel. La Lettre que M. le Garde des Sceaux (2) m'écrivit dans le tems, & les pre-miers ordres dont j'étois porteur, prouvent que ce n'étoit pas une affaire d'arrangement avec les *Anglois*. Les feconds ont été plus doux ; ce font ceux que je vous ai remis. Votre amour propre fouffriroit beaucoup, fi je rendois les premiers publics. Qu'il vous fuffife de fçavoir qu'ils n'étoient pas annullés entre mes mains, je me fuis trouvé dans de certaines circonftances en droit de les exé-cuter.

(2) *Vide* Pièces Juft. nº 16.

Voici par où commençoient les ordres que je reçus à votre fujet.

» Le Sieur *Godeheu* fe conformera aux inftruétions de
» la Compagnie , & à celles du Comité fecret de l'Inde,
» en tout ce qui ne fera pas contraire aux préfentes inf-
» truétions qui contiennent la volonté expreffe de Sa Ma-
» jefté.

Vous critiquez en termes très-indécens une Trève néceffaire , & un Traité de Paix conditionnel qui détrui-
foit vos projets vaftes , & vous enlevoit la *Nababie d'Arcatte*. (a)

Rien ne coûte à votre Avocat pour appuyer votre fyf-
tême. Il a la hardieffe , (je ménage les termes) de cor-
rompre le texte de la Lettre du *Miniftre* à M. *le Duc de
Mirepoix* , alors Ambaffadeur de *France* à *Londres*.

Cette Lettre , telle que je l'ai reçue par l'*Utile*, dont l'expédition tardive vous a tant affeété , porte expreffément :

» Vous pouvez déclarer , Monfieur, que l'on ne projette ni
» d'avoir dans l'Inde des poffeffions *plus vaftes que l'An-
» gleterre* , ni de s'y faire neuf millions de rente , ni de
» fe réferver la faculté exclufive de fe rendre maître du
» Commerce de *Golconde*, encore moins de celui de toute
» la côte de *Coromandel* ; nous envifageons nous - mêmes
» ces projets comme des vifions.

Voici le parti qu'on a tiré de cette Lettre pour être fondé à rejetter fur moi feul tout le blâme du Traité conditionnel.

C'eft à la page 128 de votre Mémoire ; on lit : » Il y
» excufe , comme on vient de le voir , la précipitation de
» fon Traité conclu avec le Sieur *Saunders* fur une Let-
» tre du 11 Mars 1754 , par laquelle le *Miniftre* avoit
» fait déclarer au *Comité Anglois* par M. *le Duc de Mire-
» poix* , que Sa Majefté n'entendoit pas que la Compagnie

(a) On verra dans le Mémoire de la Compagnie l'hiftoire de ce
qui s'eft paffé dans l'Inde au fujet de cette Nababie, & des *firmans*
demandés & envoyés en conféquence. Piéces auffi authentiques que
le *Teftament de Nizam Elmoulouk* (page 42).

„ (*Françoife*) eût de plus vaftes conceffions..................
„ que celles qu'elle avoit (car tel eft le fens de la Lettre
„ du *Miniftre*):ainfi le Sieur *Godeheu* avoit fort mal pris le
„ fens de la Lettre du *Miniftre*.

Tout Lecteur ami du vrai doit être indigné d'une
pareille infidélité.

C'eft fans doute avec la même fineffe que votre Avocat a jugé à propos de falfifier une phrafe de la Lettre que
M. *de Moracin* m'écrivoit le 6 Octobre 1754, & que vous
avez inféréc parmi vos Piéces juftificatives, pag 75. Il s'a-
git du Comptoir François à *Yanaon*. Voici l'article de la
Lettre, tel qu'il eft dans l'original.

Même Lettre, pag. 91. des Piéces Juft. du Mémoire de M. Dupleix.

„ Les Anglois n'y avoient jamais mis le pied (dans l'Ifle
„ Equeltipa), & ils fe retiroient dans les tems de trou-
„ bles dans un endroit appellé *Tirtalamondy*, de même
„ que les Employers d'*Yanaon* fe retiroient à *Equeltipa*.
„ *Il eft vrai que fi vous rétabliffiez ce Comptoir*, & que
„ vous vous déterminiez à le fortifier, ce qui fe peut faire
„ à peu de frais, fa fituation étant des plus favorables,
„ notre canon plongera dans *Nelépelly*, dont le retran-
„ chement eft entièrement dominé par *Yanaon*.

Comme votre Avocat a cru que je ne prendrois pas la
peine de relire une Lettre qui m'avoit été adreffée, voici
ce qu'il a fubftitué à l'original. Au lieu de ces mots : *Si
vous rétabliffiez ce Comptoir*, il a fait imprimer cette étrange phrafe : *Si vous rétabliffiez* .... *un Comptoir*,
&c.

Qu'a-t-il voulu dire? Quels font donc les mots fous-en-
tendus par ces points ? Quel endroit autre que *Yanaon*
avez vous cru qu'ils pouvoient défigner ? Le Public a-t-il
pu y comprendre quelque chofe ? Certainement l'étrange conftruction de cette phrafe a dû faire paffer M. *Moracin* pour un imbécille.

Avouez-le, Monfieur, vous avez follicité vivement
votre Avocat de vous fauver le ridicule de n'avoir pas
fongé à rétablir & à fortifier *Yanaon*, fi néceffaire pour

le Commerce , pendant que vos Armées parcouroient un
pays immense , sans vous être jamais avisé de vous assurer la possession de ce qu'elles laissoient derrière elles ,
& dont les *Anglois* , de l'aveu même de M. *Moracin* ,
avoient sçu profiter en se fortifiant à l'entrée de la rivière
d'*Ingéram* , & nous privant du Commerce des Toiles ,
qui toutes, comme vous devez le sçavoir, se fabriquent
dans le triangle formé par *Yanaon* , *Rajimendrie* , *& le
point que vous prendrez à douze lieues sur la côte*. C'est là ce
qu'on pourroit appeller en matière de guerre, de politique ,

Page 142. & de commerce , *le comble de la folie & de l'absurdité* ,
& non d'avoir forcé les *Anglois* , comme je l'ai fait , à raser leurs Fortifications de *Nelépelly* , & de partager avec
nous le Commerce des Toiles , que vous aviez négligé de
conserver à la Compagnie de France; & pourquoi ai-je
insisté sur le rasement des Fortifications de *Nelépelly* ?
C'est , comme le dit M. *Moracin* dans sa même Lettre ,
*parce que les Anglois s'étoient fortifiés , & se fortifioient tous
les jours à Nelépelly , dont ils faisoient leur principal établissement , & qui n'est qu'à 500 toises de notre ancien Comptoir d'Yanaon.* Cet article de la Lettre , tel que je viens
de le citer , & tel qu'il est dans l'original , détruit la critique amère que vous avez faite de l'article 6 du Traité

(1) Mémoire
de M. Dupleix
(pag. 141 & 142) conditionnel (1). C'est cependant à cette critique & à la
nécessité d'effacer jusqu'à la moindre trace des reproches
qu'on auroit été en droit de vous faire , que votre Avocat a
sacrifié le sens commun & la vérité.

Je laisse aux Juges & au Public à donner le nom que
méritent ces tours d'adresse , imaginés uniquement pour
vous ouvrir un libre champ à une critique dans laquelle
votre Avocat s'est permis des assertions & des calculs
dont la vérité n'existe que dans son imagination.

Au reste, on ne doit pas être surpris de votre mauvaise humeur contre ce traité.

On sçait que ceux que vous n'avez pas faits n'ont pas
ordinairement le bonheur de vous plaire. C'est ainsi qu'en

rompant la capitulation accordée par M. *de la Bourdonnais* à la Ville *de Madras* (*a*), non-seulement vous avez privé la Compagnie de dix millions qu'elle devoit recevoir pour le rachat de cette Ville, mais encore vous l'avez constituée dans de fortes dépenses, dont le montant est porté sur les Livres du Comptoir *de Pondichery*.

Si, comme vous voulez le faire entendre dans votre Mémoire (page 27), vous aviez des ordres secrets pour en agir comme vous avez fait dans cette occasion, vous n'avez pas pu vous dissimuler que j'en avois aussi pour regler ma conduite.

Mais supposons pour un instant que nous n'en eussions ni l'un ni l'autre; en ce cas, comparez votre conduite avec la mienne, & jugez.

Je vous demande lequel doit être taxé à plus juste titre d'avoir *déshonoré la nation*, si elle peut être déshonorée par les actions d'un particulier, ou celui qui a montré une prudente modération, en proposant de rendre au Souba du Dékan une partie de son bien, qu'il ne nous avoit donnée que parce qu'il ne pouvoit rien conserver par lui-même, & que tout autre que ce Prince (*b*) *timide, soupçonneux & pusillanime*, seroit venu tôt ou tard nous enlever, ou celui qui a rompu une Capitulation solemnellement accordée & signée par le Général qui en avoit le droit ?

Page 288.

Je vous demande qui des deux *a abusé de son autorité*, ou celui qui n'a établi tout ce qu'il a fait que sur un traité conditionnel qu'on avoit la liberté de refuser ou de ratifier en France, suivant les conditions expresses de ce traité, ou celui qui a lié sa Nation par un coup d'autorité sans

Page 297.

(*a*) Voyez dans le Mémoire de M. de la Bourdonnais la Capitulation de Madras sous la Cotte 181 des Pièces Justificatives, & ce qui est dit de ce traité de rançon dans le même Mémoire, depuis la page 170 jusqu'à 191.

(*b*) C'est le portrait que M. de Moracin fait de Salabetzingue.

exemple, & contre lequel il n'étoit pas possible de réclamer, n'importe ce qui en feroit arrivé?

Page 288. Je vous demande enfin lequel a *fait le plus de tort aux intérêts de la Compagnie*, ou celui qui n'a fait que proposer de sacrifier des possessions vastes, dont les revenus étoient fort incertains, à l'avantage réel du commerce qui ne demande que l'économie & de la tranquillité, ou celui qui non - feulement a privé la Compagnie d'une forte rançon qui lui étoit dûe légitimement ; mais encore qui l'a constituée à ce sujet dans un excès de dépense inutile, & qu'il auroit été facile de lui éviter?

Au reste, Monsieur, quand il en fera tems, je prouverai fur ce dernier article la solidité de ce que j'avance, par l'examen du Mémoire que vous envoyâtes en France en 1753, & dont on a coufu quelques morceaux dans celui que vous venez de rendre public.

Je ne crains point de vous dire, Monsieur, que vous avez fait du traité conditionnel une critique auffi imprudente que mal-fondée. Tel qu'il est, il a été approuvé dans l'*Inde* par les Lettres de M. *de Leyrit* & de M. *de Buffy*, que j'ai citées plus haut, & par celle du Con-

(1) *Vide* Pièces feil Supérieur à la Compagnie : (1) il l'a été en France par Juft. n° 17. le Ministre qui en a témoigné fa satisfaction à l'affemblée générale des Actionnaires, par la Lettre d'un autre Ministre au Conseil Supérieur de Pondichery, & par celles des per-

(2) *Vide* Pièces fonnes le mieux infruites du local & de l'avantage du Com-
Juft. n° 18. merce (2) ; cela devroit me fuffire. Cependant je crois devoir convaincre le Public du degré de confiance qu'il doit prendre dans les productions de votre Avocat. Je m'arrête aux articles 2 & 6 de ce traité (a).

Votre Avocat a avancé que l'article 2 du traité con-
(3) Pages 137 ditionnel (3) prouve que je n'ai aucune idée ni de la
& 138. fituation des lieux, ni de l'avantage du Commerce.

(*a*) Quoique, depuis que cette Lettre est écrite, le Mémoire de la Compagnie ait été fufpendu, je ne crois pas que ce que je dis fur ces deux articles du traité puiffe être taxé d'indifcrétion.

1°. Parce

1°. Parce que *Karikal*, situé sur une rivière, est très éloigné de la Mer ; que la barre y est si considérable, qu'on est forcé de se servir de *Chelingue* pour y débarquer ; que le canon du Fort peut à peine atteindre à l'endroit du débarquement , & que dès-là cette position est désavantageuse en tems de paix , critique & dispendieuse en tems de guerre.

2°. Parce que *Divy-Cottey* est situé sur une Isle à l'embouchure du *Colram*, où il forme *un excellent Port* pour tous les bâtimens du pays, & que la forteresse défend la rade & *ses Ports*.

3°. Parce que le *Colram* qui *est une grande Riviere* , sert pendant quatre à cinq mois de l'année à transporter dans le *Mayssour* les marchandises d'Europe , & à en tirer toutes celles qui se fabriquent dans ce pays-là pour former les cargaisons des Vaisseaux. Je ne répondrai à ces trois assertions que par des faits.

Ayez la bonté de prendre la Carte avec moi , puisque vous n'avez pas été sur les lieux.

Le Fleuve du *Cavery* prend sa source dans le *Mangalor,* à la côte *Malabar.* Il traverse le *Mayssour* , baigne les murs de *Trichenapaly* , où il se divise en plusieurs branches , dont la plus au Nord est le *Colram* , qui va se jetter à la Mer à *Divy-Cottey.*

Une autre branche qui conserve le nom de *Cavery* , coule plus au Sud, & a son embouchure à la Mer, dans l'endroit même où les *Danois* ont bâti leur forteresse de *Trinquebar.*

De cette branche il en sort d'autres qui forment les rivières de *Karikal*, de *Naour*, celles qui arrosent les terres de *Negapatan*, & les pays encore plus au Sud, tels que *Manerkoil*, &c.

La rivière qui passe devant *Karikal* coule dans un pays plus plat que celui de *Divy-Cottey*, ce qui la rend moins dangereuse pour l'entrée ; la navigation est par conséquent plus aisée. Aussi pendant que j'étois à Pondichery, ai-je envoyé deux bots de 80 tonneaux dans la ri-

G

vière de *Karikal*, qui y ont été radoubés fous le Fort. Il eft même confirmé qu'à la fin d'Octobre jufqu'en Janvier, il peut entrer dans la rivière de Karikal, & en fortir également, non-feulement les embarcations propres pour *Ceylon*, mais encore les Vaiffeaux *Choulias* de 280 à 300 tonneaux.

Marchands du pays.

Ce n'eft pas que je veuille prouver que cette rivière peut fervir facilement de communication avec l'intérieur du pays. Non, Monfieur, je fçais que ce ne fut qu'avec de grandes difficultés, qu'à l'aide des débordemens on fit voiturer au camp de M. *Law* l'artillerie qui lui étoit néceffaire pour le fiége de *Trichenapaly*. Je fçais auffi que pour éviter les dangers, il eft plus prudent de décharger les bateaux à l'entrée de la rivière de *Karikal* dans des *Chelingues*, & d'envoyer enfuite ces bateaux dans celle de *Naour* qui reçoit des bâtimens bien plus confidérables.

Je fçais encore que le Fort de *Karikal* ne défend pas la Rade; mais fi le Fort ne la bat pas, il ne peut en être battu.

Revenons à *Divy-Cottey*, dont vous avez fans doute oublié la véritable pofition.

Ce Fort eft dans une Ifle, qui, felon votre Avocat, *forme des Ports*. Il feroit bien étonnant que ces prétendus Ports, les feuls qui exifteroient fur toute la côte de *Coromandel*, euffent été ignorés de toutes les Nations Européennes jufqu'à la fin de la derniere guerre nationale entre la France & l'Angleterre, tems auquel les Anglois fe font établis à *Divy-Cottey*.

Soyez de bonne foi, Monfieur: vous fçavez auffi bien que moi les raifons qui les y déterminerent. Je nie donc qu'il y ait des Ports à *Divy-Cottey*. Je dis plus, c'eft que les Bois *Anglois*, à caufe de la difficulté de la Barre & du courant terrible de la rivière, y entrent moins aifément & moins fréquemment que les nôtres à *Karikal*; ils fe retirent dans la rivière de *Portenove*, comme celle de *Naour* eft l'afyle de nos bateaux.

L'entrée de *Divy-Cottey* est d'autant plus difficile qu'il y a au-devant de son embouchure un banc qu'on appelle le banc du *Colram*. Il s'étend à trois quarts de lieue au large. Il est rare que les Bateaux du pays veuillent risquer de passer entre ce banc & la terre. Mais ce qu'il y a de sûr, c'est que les Vaisseaux se trouvent par-là mouillés si fort au large, que le canon du Fort ne peut les atteindre. Tout est donc pour le moins égal entre *Karikal* & *Divy-Cottey*, pour ce qui regarde le Commerce extérieur, & la guerre.

Venons au Commerce intérieur jusques dans le *Mayssour*. Ce n'est que dans le tems que les pluies tombent à la côte *Malabar*, c'est-à-dire, en Mai & Juin, que le *Cavery* s'enfle de façon à pouvoir porter des *Chelingues* que l'on tire à force de bras.

Ces débordemens étant passés, ce qui arrive en Septembre, *le Cavery* se passe, pour ainsi dire, à pied sec, & le Colram, dont vous faites *une grande riviere*, n'a pas d'eau à 4 à 5 lieues au-dessus de *Divy-Cottey*.

S'il étoit vrai que les *Anglois* pénétrassent dans le *Mayssour* par eau, les *François* pourroient le faire de même par leur riviere de *Karikal* jusques sous *Trichenapaly*, qui est le point de réunion de toutes ces rivières particulières dont je viens de vous entretenir.

Mais vous pouvez être assuré, Monsieur, qu'aucune Compagnie Européenne n'a jamais entrepris cette navigation périlleuse. Il n'y a pas un seul gros Marchand du pays qui s'y expose ; il est si vrai que les Marchandises du *Mayssour* viennent par terre sur la côte de *Coromandel*, que pendant mon séjour à *Pondichery*, l'Officier François qui commandoit à *Trivedy*, arrêta plusieurs bœufs chargés venant du *Mayssour* pour le Fort *Saint-David*. Ces bœufs qui apportent des Marchandises aux Comptoirs Européens, retournent chargés de sel & de ris pour la nourriture des habitans des montagnes du *Mayssour* du côté de l'Est, parce qu'ils l'achetent à meilleur marché que celui qui se vend dans le pays du *Mayssour* même, qui est très-peuplé de l'autre côté de ces montagnes.

G ij

Il eſt donc vrai que *Divy-Cottey* , pour le Commerce intérieur , n'a pas plus d'avantage que *Karikal*. J'ai cru devoir entrer dans ces détails pour vous les rappeller, perſuadé que ſi vous vous en étiez ſouvenu , vous auriez empêché votre Avocat de tomber dans de pareilles erreurs.

Paſſons à l'Article 6. On lit à la page 142 :

En effet , par l'Article premier du Traité , nous promettons de ne nous jamais méler des affaires des Princes Maures , *& de leur rendre toutes les places qu'ils nous ont données ; conféquemment à cet engagement , nous ſerons dans l'obligation de retirer les Troupes que nous entretenons auprès du Souba , & de lui remettre les* quatre Provinces *dont nous touchons les revenus deſtinés à l'entretien de ces Troupes. Outre la conſidération , le crédit , la puiſſance & les avantages du Commerce , la Compagnie perd donc encore par ce ſeul Article un bénéfice certain de plus de 1200000 liv. de revenu annuel.*

Mais ce qui ajoûte l'abſurdité à la folie d'un pareil ſacrifice, c'eſt que nous diſpoſons d'une portion d'une de ces quatre mêmes Provinces , dont nous n'avons qu'une poſſeſſion précaire & conditionnelle , & les Anglois *nous forcent à partager avec eux cette même portion d'un tout , à la propriété duquel ils nous ont fait renoncer par l'article premier du Traité.*

Il ne me ſera pas difficile de détruire ces deux aſſertions.

J'ouvre les Lettres de M. *de Buſſy* , & je lis dans celle du 23 Octobre 1754, qu'il a ôté la Ferme de *Rajibendrie* à *Viziam-Raja*......... qu'au lieu de 548865 Roupies qui devoient reſter de bénéfice à la Compagnie ſur les revenus des quatre *Cerkars* , il ne s'en trouvoit plus que 200 mille. M. *de Buſſy* me marquoit encore qu'il croyoit que les revenus de *Condavir* ſuffiroient pour l'acquit des dettes.

Par ſa Lettre du 23 Novembre , il m'écrivoit : » La » tranquillité régne dans *les quatre Provinces* , mais on ne » doit point ſe flatter qu'il ne reſte rien en arrière , ſur-tout » de la Province de *Chikakol* , ni même qu'elle puiſſe rendre ce qui eſt ſtipulé.

Enfin M. *de Buſſy* m'écrivoit le 11 Décembre 1754, le revenu des quatre *Cerkars* , tous frais défalqués , ſe

monte à . . . . 1840501 R.
Il en faut pour la subsistance de l'Armée 1832371 R. 8 A.

Ainsi il ne restera à la Compagnie que 8129 R. 8 A.

Ce Tableau de situation est signé par M. *de Bussy*. *Il faut encore*, ajoûte-t-il, *que tout soit payé exactement*, ce qui n'étoit pas, puisque *M. de la Selle* m'écrivoit le 12 Janvier, *si les troubles occasionnés dans la Province de Chikakol par la révolte de Narendo ont des suites, il sera difficile d'en percevoir les revenus.*

Voila donc ce grand sacrifice de 1200 mille liv. réduit à 8129 roupies, qui font argent de France 19509 l. 12 s.

Mes correspondances suivies avec M. *de Bussy* & *de Moracin* m'avoient préparé à ces événemens ; & je ne fus pas plus surpris de la Lettre de M. *de Bussy*, que je ne le fus de celle de M. *de Moracin* du 10 Décembre 1754. Il s'exprimoit ainsi :

« La demande que le Conseil supérieur fait au nôtre de
» 200 mille roupies, & que vous me réitérez en particu-
» lier, Monsieur, me jette dans un furieux embarras.
» Nous ne fûmes jamais si à l'étroit, & nous vivons au
» jour la journée. J'ai mis, il y a dix-huit mois, dans la
» Caisse de la Compagnie une somme de 32 mille pagodes
» d'or, pour le remboursement de laquelle on me presse
» sans relâche. Je suis d'ailleurs particulièrement en avan-
» ce de 80000 roupies pour l'Armée de M. *de Bussy*, au
» moyen de quoi je dois beaucoup, & je n'ai pas le sol. Soyez
» cependant persuadé, Monsieur, que je me mettrai en
» quatre pour subvenir à vos besoins ; je ne vous promets
» pas d'y réussir, car la ressource des *Saokars* (1), les
» seuls en état de prêter, me manque. *Le Brame Sam-*
» *patrao*, jadis *Divan d'Anaverdikan*, pere de *Mahamet*
» *Alykan*, aujourd'hui le Conseil & l'arc-boutant du parti
» de ce dernier, nous coupe les vivres de tous côtés. Cet
» homme qui a de gros fonds, & encore un plus grand
» crédit chez les Chefs *Saokars* qui résident à *Eyderabat*,

(1) Ce sont des Banquiers.

» (a) a réuffi à nous faire fermer entièrement leurs bout-
» fes, & nous n'en avons pas d'autres dans ce pays-ci.

Vous pourriez peut-être conclure que c'eft depuis votre
départ de l'Inde que ces bourfes s'étoient fermées. Je
veux vous ôter cette foible reffource, en citant ce que
M. *de Moracin* m'écrivoit le 7 Août, pour me faire com-
pliment fur mon arrivée, & pour me dire *qu'il ne tenoit*
qu'à moi de voir à mes pieds le Maître du Dekan.

» L'argent lui a manqué depuis quelque tems (à vous,
» M. Dupleix). Nos ennemis, quels qu'ils foient, ou dé-
» clarés ou cachés, défabufés de pouvoir nous abattre,
» malgré tant d'efforts, fe font retranchés à cette der-
» nière reffource, je veux dire, à décrier par-tout notre
» Nation, à fapper fon crédit, & à lui faire fermer toutes
» les bourfes.

Certainement M. *de Moracin* ne fçavoit pas alors ce
que je devois faire. Il eft donc vrai que vos reffources
étoient épuifées avant mon arrivée, puifque je trouvai
Vide Pièces juft. les Caiffes vuides dans le *Nord* & *dans le Sud*, (b) & beau-
nº 19, 20 & 21. coup de dettes à *Pondichery* dans le *Bengale*.

Quant à ce que vous me reprochez dans le paragraphe
fuivant, que *je n'ai pas pu partager avec les Anglois une*
portion de ces Provinces, dont nous ne jouiffions que précai-
rement & conditionnellement, fur-tout après être convenu par
l'article premier que nous renoncerions nous & les Anglois à
la propriété de ces conceffions; j'avoue que ce raifonnement
eft fi fubtil, qu'il en coûte pour le réduire au vrai : je ne
crois pas même que le Public ait pu le comprendre.

Mais, dites-moi, je vous prie, Monfieur, renoncer à
la propriété *des quatre Provinces*, n'en pas percevoir les
revenus, eft-ce renoncer à la faculté d'avoir des Comptoirs
dans ces mêmes Provinces qui refteront toujours entre les
mains de ceux qui en font les Maîtres ?

(a) C'eft le lieu de la réfidence de *Salabetzingue*, Souba du *De-*
kan.

(b) On verra ces détails dans le Mémoire de la Compagnie.

A-t-on pu entendre par cet article autre chofe, finon que renonçant les uns & les autres à nous rendre maîtres de Provinces & de Royaumes entiers qui ne font que ruiner au lieu d'enrichir, puifqu'il faut toujours y entretenir des Armées pour en percevoir les revenus, nous nous réfervons de rentrer en poffeffion de ce que nous avions avant la guerre de l'Inde; c'eft-à-dire, de rétablir notre ancien Comptoir d'*Yanaon*, d'avoir une entrée & une fortie libres fur la rivière d'*Ingerum*, & la liberté de nous former un autre point d'appui dans le *Nord* au choix de la Compagnie? C'eft ce qu'explique l'article 7 du Traité conditionnel. Eft-ce-là partager avec les Anglois des Provinces & des revenus appartenans au *Souba du Dekan*? N'eft-ce pas au contraire lui rendre fon bien, & procurer l'avantage de fes Peuples en faifant revivre pour nous un Commerce que les *Anglois* nous avoient enlevé? Lifez donc ce que M. *de Moracin* m'écrivoit dans cette Lettre que vous citez.

» L'ifle de *Bandermoulanka* appartient aujourd'hui aux » *Anglois*. Ils l'ont affermée de *Vifiam-Raja*.......... Ils » fe font fortifiés à *Nelépelly*, & fe font emparés des If- » les d'*Equeltipa* & de *Coringuy*, qui les rendent maîtres » de l'entrée de la rivière d'*Yanaon*. Le beau-frere de *Vi- » fiam-Raja* leur a affermé ces deux derniers endroits avec » titre de poffeffion, & il n'a pu les en faire fortir........ » ....Ce même *Vifiam-Raja* leur a encore offert l'a- » fyle d'*Upara*, lorfque *Salabetzingue* les fit fortir d'*In- » gerum*. Ils s'y font établis depuis qu'on a donné les *qua- » treCerkars* ou *Jaguirs* à M. *de Buffy*, & ils s'empareront » fans doute de *Cottépainam* qui eft à leur bienféance. » Cette Nation a profité des circonftances pour fe mettre » à portée des bonnes Manufactures.

Vous voyez que malgré vous, & malgré *Salabetzingue*, les *Anglois* fe font maintenus par-tout où ils ont voulu, & qu'ils fe préparoient à vous y interdire le Commerce. C'étoit faire beaucoup que de les réduire à l'égalité fur ce point comme fur les autres, afin que rien ne pût nous empêcher de former nos établiffemens tels que nous les avions avant la guerre.

Je n'aurois pas plus de peine à refuter la critique que vous faites des autres articles de ce traité, fi je ne craignois que cette difcuffion ne nous menât trop loin ; vous la trouverez traitée dans le Mémoire de la Compagnie. Je ne me fuis arrêté fur ces deux articles du Traité, que parce qu'il eft queftion de points importans fur les côtes de Coromandel & d'Orixa. Ce font d'ailleurs ceux fur lefquels il paroît qu'on a pris le plus de plaifir à exercer fa critique.

Mais j'en ai dit affez pour prouver que le traité étoit néceffaire dans les circonftances preffantes où je me trouvois vis-à-vis d'une Efcadre Angloife prête à arrêter tous nos Vaiffeaux qui étoient fans défenfe ; que c'eft ce traité qui a rendu toutes les forces Angloifes inutiles dans l'*Inde*, jufqu'à la déclaration de la guerre nationale, & qui a mis la Compagnie en état de faire deux ventes avantageufes. Que c'eft ce traité qui a laiffé à la Compagnie la jouiffance entiere de tous fes revenus : Que c'eft ce traité enfin qui ne pouvant avoir force de Loi, qu'autant qu'il feroit ratifié par les deux Cours, rendoit la Compagnie entiérement maîtreffe de fon fort. C'eft ce que je lui marquois dans le Mémoire que je lui adreffai à mon retour en France. Voici ce que je lui difois :

» C'eft à la Compagnie à fe décider : je foumets mes
» lumières aux fiennes ; ainfi quel que foit le parti qu'elle
» prenne, çe fera fans doute le plus fage & le plus
» avantageux pour l'Etat en général & pour MM. les
» Actionnaires en particulier. Mais elle ne doit ja-
» mais oublier que fi fes vûes ne fe tournent pas du
» côté de la paix, elle doit prendre les plus juftes
» mefures pour fubvenir aux dépenfes que lui occafion-
» nera une guerre auffi cruelle qu'opiniâtre, & toujours
» entremêlée de bons & de mauvais fuccès, tant que
» les *Anglois* feront en force *à la côte*. Il faut le faire,
» non avec ces précautions & ces diftinctions, qui, re-
»gardées

» gardées par nous comme des traits de prudence , ne
» paſſeroient dans l'eſprit de nos Adverſaires que pour
» des mouvemens de crainte & de foibleſſe. Il faut frap-
» per de bonne grace , ouvertement, de façon à ſe pro-
» curer par-tout une ſupériorité décidée , & mettre pour
» toujours l'ennemi hors d'état non-ſeulement de nous
» nuire, mais encore de ſe relever de ſa chûte.

Quant à cet avantage ſi grand que vous donnez au
Commiſſaire *Anglois* ſur moi ; devant traiter comme je
l'ai fait , il me ſemble , en reliſant ma correſpondance,
que mes Lettres ne ſentent ni la pétulence , ni l'humeur,
ni une ridicule vanité ; mais je me flatte qu'on trouvera
dans quelques extraits de cette correſpondance que je
donne ici (*a*) , plus de connoiſſances que vous ne m'en
accordez , & un ſtyle un peu différent du vôtre. Avec le
ſang froid , il eſt rare qu'on s'écarte du vrai ton de dignité; la vérité pour éclairer, & la raiſon pour convaincre,
ne doivent jamais avoir recours aux injures. Je ſuis , Monſieur, &c.

Signé , GODEHEU.

A Paris, ce 25 *Octobre* 1759.

(*a*) Comme M. *Dupleix* me taxe dans pluſieurs endroits de ſon
Mémoire de n'avoir pas *ſoutenu l'honneur de la Nation* en traitant
avec les *Anglois*, j'ai cru qu'il ſuffiſoit, pour me juſtifier de ce
reproche, de mettre ſous les yeux du Public pluſieurs extraits de
mes Lettres à M. *Saunders*. On les trouvera à la ſuite des Piéces
Juſtificatives.

H

T Elle eſt la Lettre que le ſieur Godeheu *a écrite au ſieur* Dupleix; *il y a joint les Pièces Juſtificatives & le Mémoire imprimé du ſieur* Dupleix, *& il conſulte pour ſçavoir s'il eſt bien fondé à ſe pourvoir en Juſtice pour obtenir contre le ſieur* Dupleix *la réparation de l'outrage le plus ſanglant qu'on puiſſe faire à un Citoyen.*

LE CONSEIL souſſigné qui a vu le Mémoire ci-deſſus; la Lettre écrite par le Sieur *Godeheu* au Sieur *Dupleix*, datée du 25 Octobre 1759, avec les Piéces juſtificatives, & le Mémoire imprimé pour le Sr *Dupleix* contre la Compagnie des Indes, Eſtime que le Sieur *Godeheu* eſt très-bien fondé à ſe plaindre des injures répandues contre lui dans le Mémoire du Sieur *Dupleix*.

Qu'on ouvre ce Mémoire, on y trouve preſqu'à chaque page les termes les plus outrageans, les ſoupçons les plus injurieux contre la conduite du Sieur *Godeheu*. Entre un grand nombre de traits qu'on pourroit en citer, voici ceux qui frappent davantage.

» A la page 117, on lit ces mots : A l'égard de l'expé-
» dient imaginé par le Sieur *Godeheu*, il n'avoit guères
» d'autre inconvénient que celui d'*une iniquité ſans exem-*
» *ple & d'un déni de Juſtice caractériſé.* Quoiqu'il en ſoit, le
» Sieur Godeheu ne balança point à l'employer.

» Cette nomination de Commiſſaires (page 255) étoit
» un jeu, une comédie, *une inſigne ſupercherie de la part*
» *du Sieur Godeheu pour tromper le Sieur Dupleix.*

„ Ce n'est pas la Compagnie (pages 256 & 257), mais
„ le Sr *Godeheu seul, qui, soit par ignorance ou autrement,*
„ *est l'auteur de tous les procédés odieux & de toutes les in-*
„ *justices dont se plaint le Sieur Dupleix.*

„ Cette nouvelle défense de la Compagnie est d'une
„ indécence révoltante, pour ne rien dire de plus. Quel est
„ en effet l'honnête homme qui ne soit pas révolté en voyant
„ la Compagnie approuver en ce point, qui présente *un*
„ *abus d'autorité sans exemple, & un déni de Justice punis-*
„ *sable,* la conduite du Sieur *Godeheu* ? Mais personne
„ ne s'y trompera, & dans cette phrase peu réfléchie, on
„ ne reconnoîtra jamais que l'*aveugle hardiesse d'un cou-*
„ *pable, qui couvert d'un nom imposant, croit pouvoir tout*
„ *hazarder pour sa justification.*

„ Page 264. C'est encore une mauvaise difficulté qui
„ suppose dans ceux qui la proposent sous le nom de la
„ Compagnie *beaucoup d'ignorance & de mauvaise foi.*

Page 271. „ Quelle différence y a-t-il dans le point de
„ droit entre un homme qui est privé du titre qui lui appar-
„ tient, *parce que son Adversaire le lui a enlevé par surprise &*
„ *par violence,* & un homme qui en est privé, parce que
„ son Adversaire *l'a empêché par voie de fait & par force de*
„ *se le procurer ?* Quelle différence y a-t-il entre celui qui
„ abuse de son pouvoir ou de son autorité pour empêcher
„ quelqu'un d'obtenir ce qui lui est dû, *& celui qui dépouille*
„ *autrui de sa propre chose ?*

„ Page 272. Il est impossible de nier l'*injustice* du re-
„ fus. Il est d'une *iniquité manifeste* de refuser en général
„ à un Comptable, après une vérification faite, l'arrêté
„ de son compte. Cette injustice devient *une cruauté lors-*
„ *que nous enlevons ce Comptable d'autorité, & que nous le*
„ *transportons à* 6000 *lieues.*

H ij

Page 274. » C'est ainsi que les Loix veulent qu'on punif-
» se *le dol, la mauvaife foi & l'injuftice de tous ceux qui, par*
» *une voie illicite, privent quelqu'un d'un droit légitime.*

Page 280. Voilà d'abord une *infigne fauffeté fur un fait
grave.*

Page 284. » N'eft-il pas rebutant d'avoir à difcuter des
» faits avec des gens qui, *fans s'embarraffer de la vérité, ne*
» *confultent jamais que la paffion pour nier ou pour affir-*
» *mer* ?

» Page 287. Ce n'eft point la Compagnie, ni le Miniftre
» encore moins qui a déterminé le rappel du Sieur *Du-*
» *pleix* & de fa famille : *ce coup eft l'ouvrage du Sr Godeheu*
» *feul.*

Sur l'affaire de *Trichenapaly*, le Sieur *Dupleix* n'eft pas
plus modéré ; il dit page 112 :
*Le nouveau Commandant ne fe conduifit pas en homme
qui eût une fincère envie d'empêcher l'entrée du convoi,* &
la preuve que cette critique ne tombe pas feulement fur
le Commandant de l'Armée, mais encore fur le Sieur
Godeheu qui avoit donné les ordres, c'eft que le Sieur *Du-*
pleix ajoute page 114 : *La conduite du Sieur Godeheu &
celle du Sieur Maiffin dans cette circonftance critique, furent
pour le Sr Dupleix des myftères politiques qu'il ne cherche
point à approfondir.*

La trahifon qu'on impute au Sieur *Godeheu* eft encore
plus clairement & plus méchamment expofée à la pag. 288,
où on lit ce qui fuit :
» Eft-ce la faute du Miniftre ? Eft-ce celle de la Compa-
» gnie, fi ce Commiffaire (le Sr *Godeheu*) qui fembloit mé-
» riter la confiance de l'un & de l'autre, *a malheureufement, par*
» *ignorance ou par paffion, mal rempli leurs vues*, fi au lieu
» de terminer la guerre fur le champ... il imagine de rappeller

61

»le Commandant..... & de le remplacer par un Officier ,
»qui, *sans coup férir, laiſſa tranquillement entrer le convoi qu'il*
»*nous étoit ſi facile d'arrêter ?*

Quand le Sieur *Dupleix* parle du Traité de Paix conditionnel fait par le Sieur *Godeheu* avec les Anglois, il ac-
cuſe ce dernier d'avoir déſobéi volontairement aux ordres
qu'il devoit ſuivre , & d'avoir ſacrifié l'honneur.de la Nation, & les intérêts de la Compagnie.

» Sur le rappel du Sieur Dupleix (page 129) & ſur le
» Traité avec les Anglois, *il s'écarta totalement de ce qui*
» *lui étoit preſcrit par ſes inſtructions , & de ce qu'il ſçavoit*
» *être le vœu & l'intention du Miniſtre & de la Compagnie ;*
» *mais on va voir par la lecture des Traités mêmes , qu'il*
» *s'écarta encore plus , s'il eſt poſſible, de la droite raiſon &*
» *de ce que lui preſcrivoient également les vrais intérêts*
» *de la Compagnie & l'honneur de la Nation.*

La bile du Sieur *Dupleix* n'eſt pas moins amère à la
page 142 , où à propos de la remiſe qu'on devoit faire
de quelques Provinces au *Souba* du *Dekan* , il dit que *ce*
ſacrifice joint l'abſurdité à la folie; & à la page 158 , où il
prétend que le Sieur Godeheu ne rempliſſoit point l'objet
de ſa miſſion *par des Traités , qui , quoique proviſoirement*
déshonorans & ruineux pour nous , devoient encore , ſelon
lui-même , être violés par les Anglois.

Enfin il n'eſt pas poſſible de rien ajoûter au ton de mé-
pris & d'inſulte avec lequel le Sr *Dupleix* parle du Sr Godeheu à la page 288.
» Eſt-ce la faute du Miniſtre ou de la Compagnie , ſi
» *cet homme enthouſiaſmé du projet déterminé de faire la paix*
» ou du moins de ſuſpendre la guerre, n'importe à quel-
» les conditions , *négocia ſeul , ſans conſeil* , une ſuſpen-
» ſion d'armes , & enſuite un Traité de Trève, dont les
» effets ne pouvoient être que de *déshonorer* à jamais
» le nom François dans l'Inde, & d'y *ruiner* les affaires de
» la Compagnie ?

Ces traits & beaucoup d'autres encore, qui font épars dans le Mémoire du Sr *Dupleix*, autorisent le Sr *Godeheu* à se plaindre de l'insulte qui lui est faite. Le Sieur *Dupleix* ne pouvoit-il pas faire valoir ses prétentions contre la Compagnie des Indes, sans attaquer le Sieur *Godeheu*? Qu'a de commun le compte qu'il présente avec le Traité conditionnel que le Sieur *Godeheu* a fait avec les Anglois? Si le Sr *Dupleix* avoit à se plaindre du Sr *Godeheu* personnellement, que ne l'a-t-il poursuivi en Justice, au lieu de chercher à le déshonorer dans un Mémoire qu'il a distribué avec affectation dans toute l'Europe? Il est indécent au Sieur *Dupleix* de révoquer en doute les ordres que le Sieur *Godeheu* avoit reçus en partant de France, parce que l'approbation du Ministre & de la Compagnie annoncent assez que le Sieur *Godeheu*, dans toutes les opérations qu'il a faites dans l'Inde, s'est conformé exactement aux instructions qui lui avoient été données. Le Sieur *Dupleix* sçait mieux qu'un autre la nature & l'importance de ces ordres, & il auroit dû être d'autant plus circonspect sur ce point, que c'est d'après quelques instructions particulières, si on l'en croit, qu'il a réglé sa conduite; c'est même aujourd'hui la seule ressource qui lui reste pour se justifier, tant bien que mal, sur l'affaire de *Madras*.

Quoiqu'il en soit, le Conseil soussigné estime que le Sieur *Godeheu* peut & doit rendre plainte des faits calomnieux & déshonorans que le Sieur *Dupleix* lui a imputés, dans son Mémoire, & l'assigner au Châtelet de Paris, pour obtenir une réparation proportionnée à l'outrage.

Délibéré à Paris, ce 18 Septembre 1760.

Signé, JABINEAU DELAVOUTE.

POST-SCRIPTUM.

PEndant qu'on travailloit à l'impreffion de ce
Mémoire, on a appris que le Sieur *Dupleix*
affectoit de lire & de faire lire par-tout une Lettre
que le Sieur *Godeheu* lui a écrite quelque tems
avant fon départ pour les Indes.

Par cette Lettre, le Sieur *Godeheu*, dit-on, marquoit, entr'autres chofes, » que le Sieur *Dupleix*
» ne feroit pas fans doute affez dupe pour reffem-
» bler à fes prédéceffeurs, qui ont remis à la Compa-
» gnie les donations que les Seigneurs Maures leur
» avoient faites.

L'intention du Sieur *Dupleix* , en montrant
cette Lettre , eft de faire croire que le Sr *Godeheu*
eft peu zélé pour les intérêts de la Compagnie, puifqu'il confeilloit une action tout-à-fait contraire à ces
mêmes intérêts, & de perfuader que le Sieur *Godeheu* étoit homme à profiter de pareilles circonftances.

Cette dernière conféquence eft tellement détruite
par le peu de féjour que le Sieur *Godeheu* a fait
dans l'Inde, après y avoir exécuté les ordres dont
il étoit chargé, qu'il eft inutile de la réfuter. Voyons
fi l'autre eft mieux fondée.

D'abord, fi le Sieur *Dupleix* regarde la Lettre du
Sieur *Godeheu* comme un confeil d'ami , il en a
malheureufement trop bien profité : & il y avoit cer-

tainement moins de mal à donner ce conseil qu'à
le suivre.

Mais où le Sieur *Dupleix* a-t-il trouvé que le Sr
Godeheu ait jamais traité avec lui assez confidem-
ment , & avec assez d'intimité pour lui donner de
pareils avis ? S'il l'a cru, il faut le tirer d'erreur, &
lui apprendre que le Sieur *Godeheu* , dans cette Lettre , ne cherchoit qu'à pénétrer quelles étoient les
intentions du Sieur *Dupleix*. On sçavoit que le Sieur
Dupleix & sa famille jouissoient de *Jaguirs*, ou revenus considérables , dont *Mouzapherzingue* leur
avoit fait présent. C'étoit une curiosité bien par-
donnable à un Directeur de la Compagnie des Indes, que de chercher à sçavoir quelles étoient sur ce
point les intentions du Gouverneur de *Pondichery*.
Le demander cruement eût été le vrai moyen de ne
rien sçavoir ; au lieu qu'en feignant de deviner l'u-
sage que le Sieur *Dupleix* feroit de ces donations ,
sans le désapprouver, on pouvoit tirer l'aveu de ses
projets (1).

(1) C'est ce que
les Jurisconsultes
appellent *bonus
dolus.*

Cette démarche, qui est assez justifiée par l'événement, ne peut faire tort au Sieur *Godeheu*. Sa
façon de penser sur l'article des donations n'a jamais
été équivoque.

Lorsqu'en 1743 , le Gouverneur de *Pondichery*
revendiqua pour lui les Aldées d'*Archioüak* , dont
le *Nabab* d'*Arcatte* lui avoit fait don , voici quel
fut l'avis du Sieur *Godeheu* , tel qu'il fut lû à l'As-
semblée d'Administration , & tel qu'il fut remis au
Ministre avec l'avis des autres Directeurs.

» Le

» Le Gouverneur de Pondichery se fonde sur
» la Lettre particuliere du Nabab pour autoriser sa
» propriété, & il annonce à la Compagnie qu'il
» a fait toutes les dépenses indispensables pour
» mener cette affaire à sa conclusion. Donc cette
» Aldée lui appartient. On ne trouve pas cette con-
» clusion juste.

1°. Parce que l'*Aldée* en question n'a été donnée
» qu'en conséquence de l'asyle accordé à la mere
» du Nabab & à sa famille. Cet asyle est à la Com-
» pagnie : c'est le Gouverneur qui le donne au
» nom de la Compagnie qu'il représente. Les ris-
» ques que cet asyle accordé pouvoit faire courir,
» les dépenses qu'il y auroit eu à faire pour dé-
» fendre cette famille & ses richesses, si les *Marattes*
» les avoient voulu redemander, qui les auroit
» supportés, si ce n'est la Compagnie ? Ainsi il
» est juste que la Compagnie profite d'une récom-
» pense qui est le gage de la reconnoissance du
» Nabab envers la Compagnie, pour l'asyle que
» le Gouverneur lui a procuré au nom de cette
» même Compagnie.

» 2°. Quand même la Compagnie auroit
» égard à la Lettre du *Nabab,* par laquelle il donne
» au Gouverneur personnellement l'*Aldée* d'*Ar-
» chioüak* , sans citer ici d'autres exemples anciens ,
» par lesquels on pourroit faire voir que quand
» les *Nababs* font ces présens à une Nation , c'est
» toujours aux Gouverneurs qu'ils s'adressent, il

I

» n'y a qu'à jetter les yeux fur le *Paravana* donné
» pour *Karikal* en dernier lieu (*a*).

 » Par ce *Paravana* il eſt évident que ce n'eſt
» point à la Compagnie que *Karikal* a été donné,
» c'eſt au Gouverneur, & cependant ce même
» Gouverneur a joint ces terres au Domaine de la
» Compagnie, & ne s'eſt rien réſervé. On ne voit
» pas par quelle raiſon il en veut agir autrement
» pour les Aldées dont il eſt queſtion, & dont
» le *Paravana* ne s'explique pas ſi bien que celui
» dont on vient de parler.

 Voilà ce que le Sieur *Godeheu* penſoit alors,
& ce qu'il a toujours penſé depuis ſur ces ſortes
d'affaires. Et pourquoi auroit-il changé d'opinion
en faveur du Sieur *Dupleix*? Que ce dernier ac-
quît des richeſſes plus ou moins conſidérables
dans l'Inde, c'eſt ce qui occupoit peu le Sieur
Godeheu, qui, dans ce moment, ne ſongeoit
qu'aux ſeuls intérêts de la Compagnie. Il auroit été
bien bon de s'inquiéter ſérieuſement de la fortune
du Sieur *Dupleix*; elle étoit en de trop bonnes mains.

 » (*a*) A Monſieur le Gouverneur de Pondichery, Général de la
» Nation Françoiſe, aux Indes, fidéle & conſtant ami de ſes amis;
SALUT.

 » En faveur de notre amitié & ſuivant votre deſir, je vous
» fais préſent de la Ville de *Karikal*, de *Karkangery* & des *Aldées*
» de leurs dépendances qui ſont du Domaine de *Tanjaour*. Ces
» terres appartiendront déſormais au Gouverneur François de *Pon-*
» *dichery*, & vous en pourrez jouir pendant votre vie.

PIÉCES
JUSTIFICATIVES.

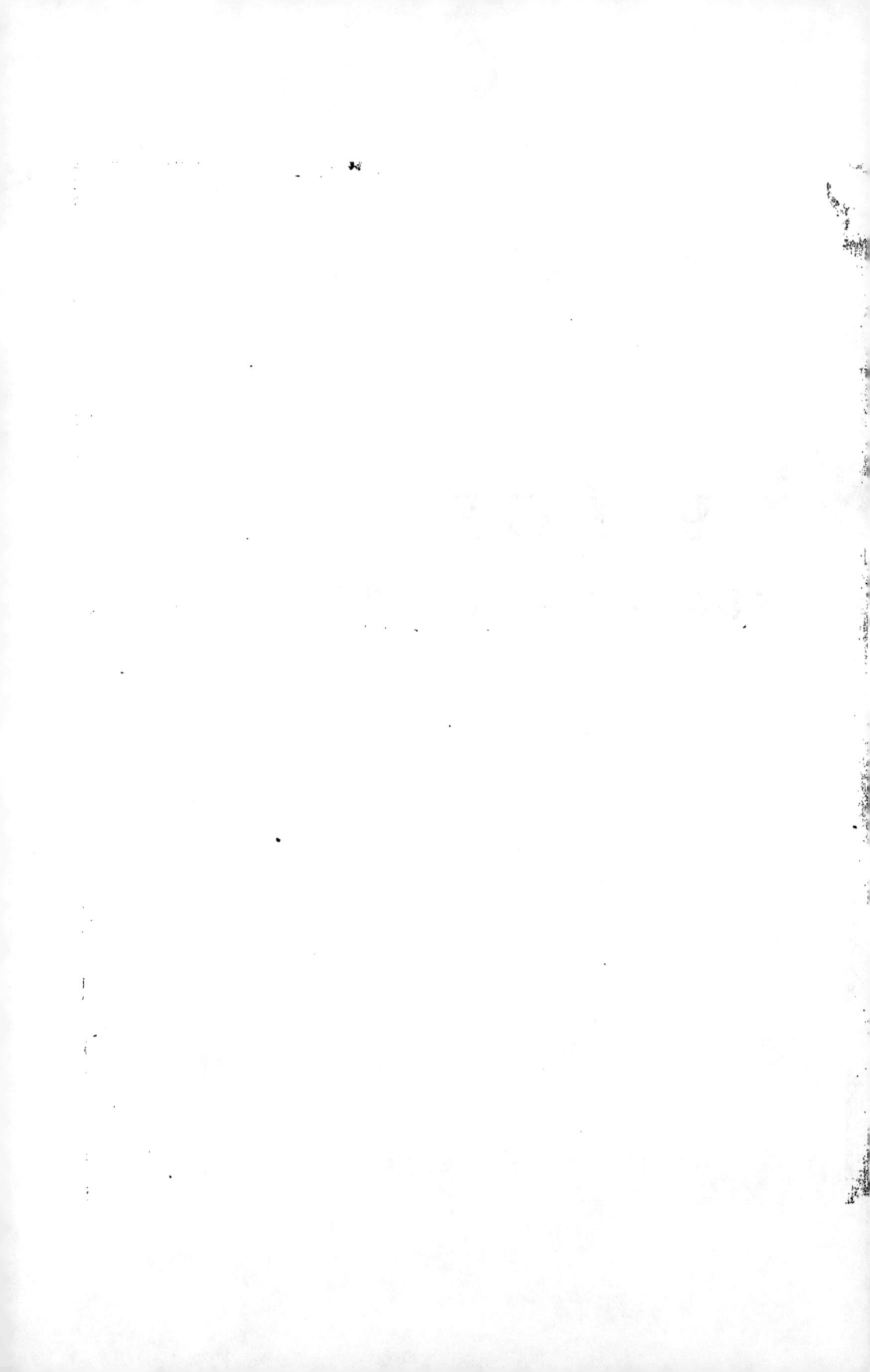

PIÈCES JUSTIFICATIVES.

LETTRE de Monsieur Godeheu à Monsieur Dupleix, écrite N° I.
de l'Isle de France, le 31 Mai 1754.

MONSIEUR,

Avec une santé affez délicate & fixé depuis long-tems, comme je l'étois au port de l'Orient, dont je me faifois un plaifir & mon unique occupation, je ne m'attendois pas à me voir chargé d'une miffion dont je fens plus qu'un autre tout le poids, & à être obligé d'entreprendre un voyage pénible que l'on a enfin exigé de mon obéiffance, après trois mois d'une réfiftance qu'il ne m'a pas été poffible de prolonger plus long-tems.

Prefqu'étranger dans les affaires des Indes, & uniquement occupé de celles de la Marine, j'aurois plus eu lieu de craindre de me voir revêtu du titre de Commiffaire du Roi & de la Compagnie que d'en être flatté, quelque honneur qu'il me faffe, fi je ne l'avois enfin regardé comme une occafion de m'inftruire, & de profiter de vos lumières pour me mettre à portée de répondre avec fatisfaction aux vues du Miniftre, & de la Compagnie. Ces vues, d'ailleurs, ne regardent pas les affaires de Pondichery particuliérement, mais tous les autres Comptoirs que je dois parcourir, & peut-être cet exemple que je donne pourra-t-il être quelquefois continué dans la fuite. Au refte, Monfieur, j'aime à me flatter que le choix n'eft tombé fur moi que parce qu'on connoît mes fentimens, & ceux que vous m'avez témoignés jufqu'à préfent, que nous ne les démentirons pas, & qu'aidé de connoiffances auffi étendues que les vôtres, nous ne donnerons en cette occafion que des preuves de l'amour pour le bien public qui doit feul nous animer.

Voici, Monfieur, une Lettre pour le Confeil fupérieur,

à cachet volant, qui en renferme une décachetée du Miniftre; je vous prie de les lui faire remettre, après en avoir pris lecture. Je ne répéterai point dans celle-ci ce que je lui marque touchant mon voyage, & la deftination des Vaiffeaux de cette expédition.

Voici un paquet de Lettres à votre adreffe, parmi lefquelles vous en trouverez une de la Compagnie; mais il eft néceffaire que je vous prévienne de bonne heure que peut-être recevrons-nous par les Vaiffeaux qui doivent me fuivre, des nouvelles certaines d'un accord commencé à Londres entre les deux Compagnies, fous l'autorité des deux Rois qui y ont auffi employé leurs Miniftres, afin de parvenir à une paix defirée depuis long-tems, & qui peut feule couronner dignement vos travaux & vos veilles pour l'aggrandiffement de notre Compagnie.

Dans cette incertitude vous jugerez aifément qu'il n'y a rien de mieux à faire pour le préfent qu'à vous maintenir dans l'état où vous êtes, affurer nos poffeffions anciennes & nouvelles contre les courfes des ennemis, & faire prendre des poftes avantageux à nos Troupes, où elles puiffent fe communiquer, fe foutenir aifément, contenir l'ennemi, & n'être point forcées à combattre; mais auffi fans leur faire tenter des conquêtes nouvelles, ce qui pourroit aliéner les efprits de part & d'autre, n'importe pour quel parti la fortune fe feroit déclarée.

Nous avons cette année 2000 hommes de Troupes nouvelles dans l'Inde à joindre à celles que vous avez déja, avec des armes, & autres munitions de guerre; mais cet appareil doit plutôt, fuivant l'efprit de la Compagnie, être employé à faire defirer la paix à nos ennemis qu'à nous exciter à commettre quelque acte d'hoftilité, à moins qu'il ne leur prît envie de venir nous infulter dans nos Établiffemens.

De ces deux mille hommes il y en a 900 Allemands, dont 150 Huffards, auxquels il faudra des chevaux, fi on eft obligé d'en tirer parti. Vous fentez-bien, Monfieur, qu'il ne feroit pas prudent de pofter d'abord les Troupes Étrangères de façon à leur faciliter la défertion , & qu'il eft bon de les éprouver auparavant , en les retenant dans les limites, ou en n'en faifant fortir , fi la néceffité le réquiert, qu'en très-petit nombre enfemble avec au moins deux fois autant de françois.

Comme je fçais , Monfieur , que vous occupez à préfent le nouveau Gouvernement , & qu'il eft indifpenfable que j'aye une maifon , je vous prie de faciliter à M. Boyelleau, à qui j'écris à ce fujet, les moyens de m'en préparer une ; je crois que celle où vous demeuriez auparavant, & qui eft, je penfe, celle de feu M. Février, me conviendroit affez ; je le charge auffi de quelques autres commiffions, & approvifionnemens pour ma table que la Compagnie s'eft chargée de défrayer.

Affuré des fentimens de mon frere, comme des miens, j'ai accepté avec grand plaifir l'offre qu'il m'a faite de m'accompagner, & il eft défigné mon fucceffeur en cas de ma mort ; je me flatte que vous lui accorderez votre eftime. M. Clouet, premier Supercargue, & que je connois depuis long-tems, m'ayant auffi offert de venir avec moi, je l'ai pris au mot, & nous ne fommes que trois en tout.

M. Arnaud votre parent , & homme de mérite , s'eft auffi embarqué fur le Duc de Bourgogne pour aller vous joindre : vous aurez certainement lieu d'être fatisfait de fon efprit & de fon caractère. Je vais hâter notre relâche pour avoir plutôt le plaifir de vous voir ainfi que Madame Dupleix , & Mademoifelle fa fille , à qui j'ai l'honneur de préfenter mon refpect, & de vous renouveller les affu-rances du plus fincère attachement avec lequel j'ai l'honneur d'être, &c.

LETTRE de Monfieur Godeheu à Meffieurs du Confeil N° II. *fupérieur de Pondichery, écrite à l'Ifle de France le 31 Mai 1754.*

Par cette même occafion dont je me fers , Meffieurs ,

pour informer M. Dupleix de ma relâche actuelle à l'Ifle de France, & de ma prochaine arrivée, j'ai l'honneur de vous en donner avis en vous envoyant ci-jointe une Lettre de M. le Garde des Sceaux, qui vous en inftruira plus amplement. Plus je fens, Meffieurs, toute l'importance de la miffion dont le Miniftre & la Compagnie ont jugé à propos de me charger, moins je me flatterois de la remplir d'une façon fatisfaifante, fi je n'avois lieu de compter fur vos fages avis, & fur les connoiffances lo-cales que votre expérience vous a acquifes ; je me ferai toujours un vrai plaifir d'écouter les uns & de profiter des autres.

Le Duc de Bourgogne de 1100 Tonneaux, fur lequel mon frere & moi nous nous fommes embarqués, accom-pagné des Vaiffeaux le Montaran, la Compagnie des In-des, & le Neptune, n'ayant pu mettre à la voile du Port de l'Orient que le dernier Décembre 1753, il a fallu abandonner le projet d'aller relâcher au Cap de Bonne-Efpérance, où par l'événement de la navigation nous ferions arrivés trop tard, puifque nous n'avons eu la fonde du banc des Aiguilles que le 19 d'Avril. J'avois déja depuis long-tems laiffé derrière nous la Compagnie des Indes, & le Neptune par leur défaut de marche, avec ordre d'aller relâcher à Foulpointe. A l'égard du Duc de Bourgogne, & du Montaran, j'ai jugé néceffaire que nous allaffions relâcher à l'Ifle de France, & à celle de Bourbon, parce que la maladie commençoit à fe déclarer parmi le grand nombre de Matelots, & de Soldats qui font fur ces deux Vaiffeaux, & que l'air de Foulpointe n'eft pas fi bon.

Le Neptune de 500 Tonneaux eft deftiné pour Pondi-chery, ainfi que le Duc de Bourgogne, le Duc d'Orléans de même grandeur que celui-ci, & la Paix, ou le Machault. La Compagnie des Indes va à Bengale avec la Reine, & le Prince de Conti.

Je vous prie, Meffieurs, de ne donner aucune defti-nation particulière au Neptune avant mon arrivée, & de le laiffer mouillé à Pondichery.

Le

Le Vaisseau le Montaran, destiné pour aller prendre à Pondichery sa cargaison pour la Chine, part pour s'y rendre en toute diligence; je vous prie, Messieurs, de l'expédier très-promptement; j'estime que comme la relâche de Malac peut occasionner plus de retardement qu'un autre endroit, où on ne trouve que du bois & de l'eau, si le Sieur Daprez avoit un besoin pressant d'en faire une, il convient que vous ne lui indiquiez que Polovarel, Isle entre la pointe d'Achem & Malac, à moins que pour assurer encore mieux son passage, vous ne lui donniez ordre de n'aller faire de l'eau qu'à Polotimon, dont la Rade est très-bonne; mais pour la relâche de Malac, je vous prie de la lui interdire absolument.

J'ai l'honneur, &c.

LETTRE de Monsieur Godeheu à M. Dupleix, N° III. *à Pondichery, le 4 Août 1754.*

MONSIEUR,

J'eus l'honneur de vous dire avant-hier que je croyois qu'il vous convenoit beaucoup de déclarer votre passage en France, afin qu'il parût que ce n'a point été un fruit de vos réflexions depuis mon arrivée; mais un parti pris par vous depuis long-tems. C'est un conseil d'ami que je vous ai donné en cette occasion; je vous prie donc de le déclarer aujourd'hui. *Je m'apperçois que le service l'exige.* C'est une raison de plus qui me le fait souhaiter, autrement je ne pourrois pas m'empêcher de le déclarer moi-même.

J'ai l'honneur de vous renvoyer les copies des Pièces dont vous m'aviez envoyé les originaux, je vous prie de m'envoyer par votre Secrétaire les noms des Officiers qui commandent dans les Postes que nous gardons dans les garnisons hors de Pondichery, & dans les armées, avec le nombre de troupes blanches & noires qu'ils ont sous leurs ordres, & ce qui leur est dû. Il me paroît que MM. les Conseillers ne sont pas au fait de ce détail.

K

Je compte faire assembler demain ces MM. chez moi où se tiendra le Conseil. En cas que vous veuilliez y venir, je vous prie de me mander l'heure qui vous sera la plus commode. Mais au Conseil, ou en particulier, si vous l'aimez mieux, je n'en serai pas moins charmé de profiter de vos lumières, & de vous assurer de la parfaite considération avec laquelle j'ai l'honneur d'être, &c.

No IV. *Traite de M. Dupleix sur M. Godeheu.*

	Pagodes d'or.	Roupies.		
A M. Martin		3788	12 A 32 G	
Idem. Berthelin	3772			
Idem. Au même		3660		
Idem. Ariste		1000		
Idem. à Noel		6000		
Idem. à M. Paradis		1620	11	30
Idem. à moi		5000		
Idem. à Suamy	262			
Idem. à M. Desnaudieres . . .		456	10	
Idem. à M. Guillard		712		
Idem. à Baur		780		
Idem. à M. Aymard		6000		
	4034	29018	2	22

Lesquelles 4034 Pagodes à 367
Roupies pour cent, font 14804   12

43822   14   22
Pour solde en un Billet au Porteur 6177   1   18

Roupies 50000

A Pondichery, ce 4 Octobre 1754. *Signé*, DUPLEIX.

Extrait de la Lettre de M. de Leyrit, écrite à la No V.
Compagnie le 19 Octobre 1756.

Nous n'avons de ces côtés-ci aucun Allié fur lequel nous puiffions compter ; nous y fommes réduits à nos feules forces. A l'arrivée de la Gloire , j'ai écrit à Nandy-Raja pour lui faire part des nouvelles que je venois de recevoir & pour l'affurer de la continuation des fentimens de la nation à fon égard ; je n'ai encore reçu de lui aucune réponfe ; il garde mes gens auprès de lui fans les congédier.

J'ai chargé le fieur Porcher de renouer avec le Roi de Tanjaour la négociation qu'il avoit entamée avant la trève conclue par M. Godeheu ; mais les mouvemens qu'il s'eft donné jufqu'à préfent n'ont rien produit.

Il fembleroit que les fecours que nous avons donnés au mois de Février dernier au Nabab de Velours auroient dû nous l'attacher & lui infpirer de la confiance. Mais cet homme n'en a pas confervé long-tems le fouvenir, & il a preffé fon accommodement avec Mahmet Alykan dès qu'il a fçu notre rupture avec Salabetzingue ; auffi n'a-t-il pas balancé à mettre dehors de Velours un de nos Volontaires que je gardois auprès de lui, chargé en apparence des affaires de la nation ; mais en effet , pour être plus exactement informé de fa conduite & de ce qui fe paffoit à Arcatte & aux environs. Au refte, s'il n'y a rien à efpérer de lui, il n'y a rien non plus à craindre depuis que les troubles de la Province durent. Il n'a été occupé que du foin de fe maintenir dans fa forterefle; & c'eft à quoi il paroît que fon ambition fe borne , c'eft l'unique but de fa conduite.

A l'exception du Quelidar de Paulour qui paroît rechercher avec affez d'empreffement l'amitié de la nation, quoiqu'il fe foit accommodé avec Mahmet Alykan pour le tribut qu'il doit au Nabab d'Arcatte , *tous les autres paroiffent froids & indifférens à notre égard , & je n'ai*

K ij

aucune liaison avec eux : ils font tranquilles dans leurs fortereffes , & paroiffent prendre peu de part aux troubles de la Province. Les Paléagars font plus inquiets , & font de tems en tems des incurfions fur nos terres, furtout celui d'Auréapaleam : la plûpart payent à Mahmet Alykan de foibles contributions..

Celui de tous ces Chefs Maures & Gentils qui nous caufe le plus d'inquiétude , c'eft Mirfaëb, un de nos Capitaines Cipayes, à qui M. Dupleix avoit confié la garde du Fort d'Ellevanaffour & de toutes les dépendances , & qui s'en eft rendu maître par trahifon. Cet homme entretient pour fa fureté un affez grand nombre de Cipayes & de Cavaliers ; & comme il n'eft pas en état de les payer, il les fatisfait en les envoyant piller fur les Aldées de fes voifins, fans exception des nôtres; c'eft un homme à détruire , fi nous en avons l'occafion ; je tiens la compagnie de Dragons à portée de fon Fort, afin de le contenir.

N° VI. *Autre Extrait de la même Lettre de M. de Leyrit.*

Nos avantages confiftèrent dans cette occafion en un défiftement en forme que donna Moraro de toutes fes prétentions fur nous, qui bien ou mal fondées, euffent pu lui fervir dans la fuite de prétextes pour venir nous inquiéter. J'avois écrit à ce fujet à M. de Buffy dès le 7 Juillet dernier, & fur l'ouverture que je lui en fis, il conçut le projet qu'il a parfaitement bien exécuté. De plus , il trouva le moyen d'acquitter la Compagnie d'une fomme de 133245 Roupies que l'on redevoit encore à un Seigneur Maure, auquel il fit avoir le Gouvernement de Brampour.

N° VII. *Extrait d'une Lettre de M.* Dupleix *à M.* Godeheu , *à Pondichery , le* 23 *Août* 1754.

Je tenois de Salabetzingue le pouvoir de retirer les fruits de cette Province, *les Anglois le tiennent de Mahmet Alykan.*Je ne doute pas un moment que ce premier, auffitôt qu'il fçaura mon départ , ne vous donne le même pouvoir ; non-feulement je dois compte de ces fruits à mes fupérieurs en France, mais *également à Salabetzingue*, & c'eft pour cela que j'ai laiffé fubfifter les chofes comme Chandafaëb les avoit établies pour la recette générale des terres, afin que le Receveur placé par le Gouvernement Maure, pût lui-même rendre fes comptes à qui *Salabetzingue l'eût fouhaité* (a). *Ce n'eft donc pas moi* (b) *qui ai établi Papiapouley ; je l'ai trouvé tel que je vous l'ai préfenté*, & j'ai éprouvé fon zèle, fa fidélité & fon attachement pour la nation en maintes occafions.

L'attente & le retardement des Vaiffeaux m'ont mis dans la néceffité de faire en ce genre tout ce que j'ai pu pour foutenir les affaires : *s'ils avoient tardé plus long-tems, je ne fçais ce que j'aurois fait.* Une place qui donne autorité fournit auffi des occafions & des reffources *qu'on ne peut pas deviner* quand on n'y eft pas. *J'euffe engagé mes meubles & ma vaiffelle*, s'il eût été néceffaire, & dès l'arrivée des Vaiffeaux, j'euffe agi de maniere à trouver des reffources & un nouveau crédit, & des gens qui euffent fait de nouvelles avances fur le pays qui étoit en notre pouvoir, *& fur ceux que j'y euffe mis* (c).

Traduction de la Lettre de Salabetzingue, au nom de M. le Marquis Dupleix. N° VIII.

A mon cher Oncle & bienfaiteur, Gouverneur Bahadour-Zaferzingue, que le Seigneur vous conferve en fanté.

Dans les jours heureux, le Patecha Alemguir-Gazy pour

(*a*) Ces revenus n'appartenoient donc pas réellement à la Compagnie.

(*b*) Pour détruire ce qu'avance ici M. Dupleix, il fuffit de remarquer que M. de Larche, Confeiller de Pondichery, avoit géré les revenus avant Papiapouley fous l'autorité de ce Gouverneur.

(*c*) M. Dupleix a raifon de dire que de pareilles reffources ne font pas aifées à *deviner.*

le bonheur de fon peuple, s'eft affis fur fon trône, qu'il a élevé jufqu'aux nues ; fa. Couronne, qu'il a pofée fur fa tête, a donné un nouvel éclat au Soleil & à la Lune. Le bruit des inftrumens de joie a monté jufqu'aux cieux : je vous prie de votre côté de faire battre le Nobot pendant onze jours en marque de réjouiffance ; *& dans les endroits où s'affemblent des Mufulmans , vous ferez faire des prieres en fon nom* , & ferez pareillement battre les mon- noies en fon nom.

Nº IX. *Extrait d'une Lettre de Monfieur Dupleix à Monfieur Go- deheu, à Pondichery le 23 Août 1754.*

Pour parvenir préfentement à la paix, je penfe donc que nous pouvons abandonner à *Mammoud-Ali* tout le pays de *Trichenapaly* : mais ceci doit fe faire de concert avec les Mayffouriens , avec qui *Mammoud-Ali* s'accordera en même tems pour ce qu'il leur doit. Les Mayffouriens ne reculeront pas à cet accord , pourvû que les Anglois s'en- gagent à ne pas affifter *Mammoud-Ali* dans le cas où il viendroit à fe jouer des promeffes faites aux Mayffou- riens.

Nº X. *Extrait de mon Journal du 22 Septembre 1754, tel que je l'envoiai au Miniftre, par le même Vaiffeau qui portoit M. Dupleix en France.*

» M. *Dupleix* eft venu ce matin chez moi, accompa-
» gné de Meffieurs *Arnaud, Beauffet & Delarche* , les
» deux derniers font fes Procureurs. Il a commencé par
» me remettre fon compte avec la Compagnie , *par le-
» quel il prouve qu'il doit au Public 35 laks, & que la
» Compagnie lui en doit environ 29.* Je lui ai dit que n'é-
» tant pas chargé d'examiner fes comptes , je ne pouvois
» les recevoir ni les vifer. Il a fini par me demander cent
» mille roupies de la Caiffe de la Compagnie pour l'aider

» à payer ſes dettes criardes. Je lui ai répondu que la
» Caiſſe de la Compagnie étoit trop mal garnie, pour que
» je puſſe l'aider en cela, ſans courir le riſque de me trouver
» à découvert, puiſque dès l'inſtant de mon arrivée, toute
» reſſource m'avoit été enlevée ; que ſi j'avois des dia-
» mans & des bijoux, je les vendrois pour l'aider : il fal-
» loit même que je craigniſſe beaucoup de manquer,
» pour lui avoir fait payer de mon argent ſix mille rou-
» pies pour quatorze de ſes chevaux diſtribués aux Huſ-
» ſards : ſon dernier mot a été de cinquante mille rou-
» pies, je n'y ai rien répondu.

» Après-midi, le Sieur *Bertrand* (a) eſt venu m'apporter
» le double des comptes de M. *Dupleix*, pour me prier
» de les recevoir, & de lui en accuſer la réception, je
» lui ai fait la même réponſe.

» Le ſoir, M. *Arnaud* eſt venu me dire que M. *Du-*
» *pleix* ne me demandoit autre choſe, ſinon que je nom-
» maſſe quelqu'un pour certifier que les Piéces en toutes
» ſortes de langues avoient réellement rapport aux articles
» énoncés dans ledit compte; parce que M. *Dupleix* n'oſant
» riſquer ces Piéces ſur la mer, il ſe trouveroit qu'en arri-
» vant en France, il ſeroit en état de préſenter ſon comp-
» te à la Compagnie, pour qu'elle en diſcutât ſeulement
» le ſolide des articles, & que cela ne m'engageoit à
» rien. Comme cela eſt vrai, j'ai nommé Meſſieurs *Guil-*
» *lard* & *Bourquenou*, pour certifier l'exiſtence ſeulement
» de ces Piéces, au rapport des Interprêtes (b).

(a) Secrétaire de M. *Dupleix.*

(b) M. *Dupleix* dit à la page 115, *que je nommai deux Com-* Nota benè.
miſſaires, ſelon l'uſage, pour examiner ſes comptes auſſi-tôt qu'il me
les eut préſentés ; & que lorſque je fus averti que le travail de la véri- page 116.
fication tiroit à ſa fin, & que la ſolde du compte formeroit en faveur
du Sieur Dupleix une créance de 6 à 7 millions au moins ſur la
Compagnie, cette nouvelle me mit au déſeſpoir, & que je me repen-
tis d'avoir fait procéder par des Commiſſaires à la réception & à la
vérification de ce compte.
Les réflexions les plus outrageantes accompagnent ce récit.

Je me contenterai de répondre à M. Dupleix que sa mémoire est peu fidèle ; on vient d'en voir la preuve dans le récit simple & naïf de ce qui se passa dans mon cabinet le matin & le soir du 22 Septembre 1754.

J'avois déja appris que M. Dupleix travailloit à former son compte , quel en étoit l'objet à-peu-près , & qu'il devoit me le présenter. Il ne falloit pas d'ailleurs *un grand effort d'imagination* , pour juger que cet empressement de M. Dupleix annonçoit qu'il étoit créancier d'une forte somme.

On vient de lire que dès l'instant de la présentation du compte, j'en vis le résultat que j'ai rapporté dans mon Journal (a). Ce fut donc en connoissance de cause que je nommai le soir les deux Commissaires : s'il y a eu autant d'absurdité que le prétend M. Dupleix , à me demander deux Commissaires pour assister seulement au compte des Piéces , & vérifier leur existence, j'en suis fâché pour lui ; mais ce fait n'en est pas moins vrai. Il est tout aussi vrai que les deux Commissaires, accoutumés à obéir à M. Dupleix , avoient passé mes ordres, en lui délivrant un acte de vérification & d'arrêté de compte qu'ils m'apporterent à viser. Ce fut une foiblesse de leur part ; on espéroit sans doute qu'au milieu des embarras, dans lesquels je me trouvois , je mettrois ma signature au bas de ce Certificat, tel qu'il me fut présenté. Mais j'eus la fâcheuse précaution de le lire ; & après l'avoir rejetté , j'en dictai un autre conforme à la demande que M. Dupleix m'avoit faite , & à l'ordre que j'avois donné à ces deux Commissaires.

Une preuve très-sensible que telle avoit été ma façon de penser sur les comptes de M. Dupleix , c'est ce que je lui écrivis le 8 Octobre 1754 , après qu'il eut fait déposer les Piéces au Greffe du Secrétariat : voici ce que je lui marquois.

» Monsieur , comme les comptes que vous avez pris la peine
» d'apporter chez moi , & que vous m'avez dit avoir rapport aux
» affaires de la Compagnie , seront sans doute examinés par la
» Compagnie ou par ses ordres, je ne vous en parlerai point ici.
» Vous auriez même pu vous dispenser de les déposer dans une
» Caisse ficelée au Secrétariat ; car toutes ces formalités , ainsi que
» le simple vû des Piéces par les Commissaires, ne font ni un
» examen ni une acceptation. Je suis obligé de le déclarer ici à
» cause du terme *examinés par votre ordre* , que vous employez
» dans votre Lettre , ce qui sembleroit avoir été suivi d'une dis-
» cussion de la validité des Piéces ; au lieu qu'il n'a été ques-
» tion que de constater leur existence par rapport au compte ;

Page 156.

_____
(a) 29 Laks font 2900000 Roupies, & montent argent de France à 6525000 liv.

&

» & le tout auroit dû être dépofé entre les mains de vos Procu-
» reurs qui les auroient produites au Confeil, fur les ordres qu'au-
» roit donnés la Compagnie d'examiner ledit compte, fi elle l'avoit
» jugé à propos.

» Je vous répète, Monfieur, que je n'ai point été envoyé pour
» examiner vos comptes, mais bien l'état préfent des fonds de la
» Compagnie aux Indes.

M. Dupleix répondit à cette Lettre par celle que j'ai citée à la
page 16 de celle que je lui écris.

M. Dupleix a raifon de ne pas trouver dans une conduite auffi
fimple & auffi fuivie que l'a été la mienne, *un grand effort d'i-
magination*. Celle de fon Avocat a beaucoup plus travaillé pour
foutenir que cinq jours ont fuffi pour examiner, vérifier, dif- Page 118.
cuter & arrêter un compte de fept millions de capital, dont les
Piéces étoient en très-grand nombre, & écrites, pour la plûpart, en
différentes langues qu'il auroit fallu traduire ; compte tenu à l'infçu
du Confeil ; compte enfin d'une affez grande importance, pour que
j'euffe pris la peine de l'examiner moi-même en plein Confeil, après
le travail des Commiffaires, fi j'avois eu envie de le faire arrêter.

Certainement les deux Commiffaires nommés font de trop bonne foi, pour ofer foutenir qu'ils ont examiné & difcuté la validité des Piéces de ce compte (*a*). Si cela étoit, je plaindrois la
Compagnie d'être fujette à payer des foldes de comptes fur de
pareilles vérifications.

Je crois avoir fuffifamment démontré le faux du raifonnement
de l'Avocat de M. Dupleix. J'ai cité les faits tels qu'ils fe font
paffés. Si je fis une faute alors, ce fut de ne pas exiger que M.
Dupleix me fît par écrit la demande du dépôt de fes Piéces, conforme à celle que M. Arnaud vint me faire de vive voix, & de
fa part. J'agiffois de bonne foi, & je n'aurois jamais penfé que
cette façon de me conduire dût fournir quelque jour à M. Dupleix
des armes contre moi.

(*a*) On verra la preuve de ce raifonnement dans le Mémoire de la Compagnie.

Extrait d'une Lettre de M. Dupleix à M. Godeheu, à Pondichery, le 14 Août 1754.

N° XI.

Je n'ai eu aucune correfpondance avec la Cour de
Delhy, ainfi je n'ai aucunes Pièces à vous remettre à ce
fujet que le feul *firman* (1) qui m'a été envoyé par M. de
Buffy, Pièce que je ous remettrai inceffamment avec (1) Cette Pièce
un nombre d'autres que je raffemble. ne m'a jamais été
remife.

N° XII.   *LETTRE de la Compagnie à M. Godeheu, à Paris ;*
le 9 Mars 1754.

Le départ de l'Efcadre Angloife, dont on parle beaucoup, Monfieur, pourroit avoir pour principal objet de
fe rendre maître de l'Ifle de Divy, & peut-être même de
Mazulipatam ; car nous ne préfumons pas qu'ils penfent
à attaquer Pondichery, qui d'ailleurs doit être bien en
état de les recevoir, & que nous ne doutons pas que vous
aurez foin de bien approvifionner de vivres ; mais nous vous
recommandons de prendre fans délai les mefures néceffaires pour mettre Mazulipatam, & nommément l'Ifle de
Divy, à l'abri de toute infulte de la flotte Angloife.

Nous avons l'honneur d'être très-parfaitement, Mon-
fieur, vos très-humbles & très-obéiffans ferviteurs. Les
Syndics & Directeurs de la Compagnie des Indes.
Signés, DUCHATELET, CASTANIER, DAVID, VERZURES,
CLAESSEN, GILLY, SAINTARD.

Vide page 35 de *Extrait de la Lettre particulière de la Compagnie écrite à M.*
la Lettre, ligne 3.   *Godeheu d'Igoville le 9 Mars 1754.*

Cette Lettre, Monfieur, eft pour vous informer que
la Compagnie vient de délibérer de faire armer la Fré-
gate l'Utile, pour la deftination de Pondichery en droi-
ture. Nous vous prions en conféquence de la faire mettre
en état avec la plus grande diligence, fon expédition étant
très-preffante ; vous y embarquerez pour cargaifon ce que
vous jugerez le plus convenable pour Pondichery, en obfer-
vant qu'elle ne doit point être trop chargée, afin de lui laiffer tous les avantages qu'elle peut avoir pour la marche.

N° XIII.   *Extrait d'une Lettre de M. Dupleix à M. Godeheu,*
à Pondichery, le 4 Août 1754.

J'eus l'honneur de vous entretenir hier au matin fur ce

qu'il me paroissoit nécessaire d'envoyer un Détachement de deux ou trois cent Blancs pour se joindre aux Troupes Noires & Marattes qui sont à la poursuite de Ma-Fous-Kan, qui peut avoir avec lui près de trois cent hommes à chapeaux Anglois & Topases, mille Cipayes & cinq cent chevaux, six pièces de canon, dont trois aux Anglois; je crois que cet envoi seroit à propos, à moins que vous n'aimassiez mieux *en envoyer tout de suite 400 se joindre aux Troupes qui sont devant Trichenapaly*, afin que si Ma-Fous-Kan & sa Troupe peuvent passer le Colram, nos Troupes se trouvent renforcées par ce nouveau Détachement qui portera avec lui quelques munitions dont on y a besoin, *& ramenera le courage de nos Troupes, qui n'est jamais fort assuré, à la vue des Anglois.* Ce Détachement, composé de moitié François & Allemands, feroit au mieux, & ne serviroit pas peu à accélérer l'ouvrage de la paix, qui a toujours fait mes desirs comme les vôtres.

Extrait d'une Lettre de M. Godeheu à M. de Leyrit,   N° XIV. *à Pondichery, le 12 Février 1755.*

Indépendamment des endroits cités ci-dessus, où il y a garnison Françoise, nous gardons encore l'Isle de Cheringam, devant Trichenapaly, avec les forces de Nandy Raja, frere du Roi de Maïssour, notre Allié.

Ce n'est pas la conséquence de ce poste qui m'a forcé de le garder; mais, 1° j'ai pensé qu'il ne seroit pas à propos d'ôter ce sujet d'inquiétude aux Anglois, & qu'il falloit les forcer de se tenir sur la défensive dans cette extrémité de la Province, en leur occasionnant la dépense d'un amas de vivres, & de munitions de guerre, outre l'entretien d'une forte garnison qui les affoiblit d'autant dans cette partie-ci, où j'avois bien dessein de porter tout d'un coup la guerre, si la Trève n'avoit pas eu lieu; parce que c'est du côté d'Arcatte que se trouve le pays le plus reposé, le plus abondant, & dont on a laissé jouir les ennemis trop long-tems. Il est vrai que les forces supérieures qui

leur font venues d'Europe, & qui les mettroient en état
de s'oppofer par-tout à nos deffeins, tandis qu'ils en pouvoient former plufieurs à la fois ; ces forces, dis-je, m'ont
fait préférer la Trève longue, & appuyée fur un traité
de Paix conditionnel, dont les Articles ne s'éloignent pas
de l'efprit du Miniftre, & de la Compagnie.

La feconde raifon qui m'a engagé à garder le pofte de
Cheringam a été la néceffité de nous faire payer par Nandy
Raja de ce qu'il nous doit ; & fi nous avions abandonné
les premiers l'Ifle de Cheringam, ce Seigneur auroit été
en droit de nous refufer tout payement, parce que nous
aurions abandonné le deffein pour lequel il s'étoit engagé
à nous payer. Je vous remets le compte de ce que Nandy
Raja nous doit pour la folde de nos Troupes, avec ce
qu'il paroît que nous en avons reçu.

N° XV.   *Extrait d'une Lettre de M. de Moras à M. Godeheu
d'Igoville, du 2 Avril 1755.*

Les dépêches de M. Godeheu nous font arrivées,
Monfieur ; je fuis chargé par M. le Contrôleur Général
de vous en accufer la réception. Je ne puis vous rendre
toute la fatisfaction qu'a eu le Miniftre & la Compagnie
du compte que rend M. votre frere de nos affaires dans
l'Inde. Il ne laiffe rien à defirer : les befoins font grands,
les reffources épuifées. Nous concevons tout l'embarras
où il fe trouve, & lui feul pouvoit remédier au mal ; mais
ce ne fera que par un travail immenfe ; fa fermeté rétablira l'ordre, fon efprit conciliant ramenera la confiance,
& fon exactitude à tenir les engagemens, rétablira le crédit de la Compagnie ; *enfin le départ de M. Dupleix faci-
litera fes opérations (a).* Voilà la façon unanime de penfer
de l'adminiftration.

_____

(a) C'eft l'explication qu'on doit donner à ce que je mandois à
M. Dupleix dans ma Lettre du 4 Août 1754; *je m'apperçois que le
fervice l'exige,* (ci-deffus, Pièces juftif. N° III.)

Copie de la Lettre de M. le Garde des Sceaux à M. Godeheu, N° XVI.
du 8 Août 1753.

La Compagnie des Indes m'ayant prié , Monsieur, de
déterminer les mesures les plus propres à parvenir au réta-
blissement de la tranquillité dans l'Inde , j'ai jugé qu'il
étoit nécessaire d'y envoyer un Commissaire qui sera chargé
de suivre l'exécution de tout ce qui aura été arrêté pour
remplir cet objet. C'est sur vous que j'ai jetté les yeux pour
remplir cette importante Commission. Je ne doute pas que
vous ne saisissiez cette occasion de donner des preuves de
votre zèle pour la Compagnie, ainsi que pour l'Etat, qui
se trouve intéressé au succès de ses affaires. Je suis , &c.

Extrait de la Lettre écrite à la Compagnie le 14 Janvier N° XVII.
1753 , par le Conseil Supérieur de Pondichery.

MESSIEURS,

. . . .

Nous destinions le Machault pour prendre ici ce que
nous aurons de Marchandises de Mazulipatam , d'Yanaon
& d'ici; mais nous n'osons vous promettre de pouvoir com-
pletter sa cargaison en entier ; la guerre a si fort dérangé toute cette côte , depuis Yanaon jusqu'ici, que l'on
ne peut compter sur aucune opération de commerce ; ce
qui nous fait , Messieurs , vous prier de vouloir bien lire
avec attention notre Correspondance avec les Comptoirs de
Mazulipatam & Yanaon , & vous verrez que pour le présent ces Comptoirs sont bien éloignés de rendre à la Compagnie ce qu'on lui avoit fait espérer.
Nous vous faisons part , Messieurs , d'une nouvelle bien
intéressante pour la Compagnie, qui est que la suspension
qui avoit été arrêtée le 11 Octobre dernier pour trois mois
entre Messieurs Godeheu & Saunders , vient d'être con-

vertie en une Trève de 18 mois ; rien ne pouvoit arriver
de plus heureux pour la Compagnie , & nous avons toujours douté que les Anglois euffent voulu y acquiefcer ,
vû la pofition fi avantageufe où ils fe trouvent aujour-
d'hui , bien différente de celle où nous nous trouvions ;
permettez-nous de vous faire le tableau de l'une & de l'autre. Les Anglois fe trouvent avoir dans l'Inde , non compris les Garnifons de Madras & Goudelour , plus de
2500 hommes , y compris 1150 de Troupes d'un Régiment complet de la Couronne paffé avec fon Colonel &
tous fes Officiers , fur les cinq Vaiffeaux de Guerre arrivés
l'année dernière aux Indes. *Nota* que ne craignant rien du
côté de la mer , ils étoient les maîtres de faire defcendre
de ces Vaiffeaux 1000 à 1200 hommes , fi le cas l'eût re-
quis ; joignez avec cela qu'ils ont fçu fe conferver beaucoup
d'Alliés , & que l'argent ne leur manque pas. Que cette
fituation eft différente de la nôtre! Nous nous trouvons , y
compris notre Garnifon , celle de Karikal , & des autres poffeffions que la Compagnie a dans le Karnatte ,
comptant les eftropiés & invalides , mille cinq cent
fix hommes de Troupes Françoifes. Dieu fçait quelles
Troupes! Nous avons eu l'honneur , Meffieurs , de vous
écrire plufieurs fois à ce fujet , fans que nos Lettres aient
produit aucun effet ; nous avons de Troupes Etrangères
543 hommes , parmi lefquelles regne beaucoup de mauvaife volonté & de mécontentement ; nous nous trouvions fans alliés & amis , & le plus grand mal fans argent : n'avions - nous pas lieu de penfer que les Anglois
euffent apporté plus de difficulté qu'ils n'ont fait pour
la conclufion de la Trève? Auffi regardons-nous cette affaire
comme très-avantageufe à la Compagnie. Tous les Peuples de cette Province ont marqué par leur joie la fatif-
faction que leur a donnée cette nouvelle, quand on la leur a
annoncée : elle mettra au moins la Compagnie en état de
retirer pendant les 18 mois de tranquillité, les revenus
de fes conceffions , qui, depuis cette heureufe nouvelle ,
ont augmenté de 15 mille Roupies , ainfi que vous le
pourrez voir , Meffieurs, par notre Délibération prife à

ce sujet le 8 de ce mois , par laquelle nous avons annullé & résilié les anciens Baux. Nous allons présentement travailler à remettre toutes les affaires sur l'ancien pied pour toutes les opérations de Commerce de la Compagnie dans cette partie de la côte. Nous souhaitons ardemment de pouvoir réussir, mais toute la Province est si dévastée, en si mauvais état, qu'il faudra un tems considérable pour qu'elle puisse se rétablir.

Nous sommes, &c. *Signés*, BARTHELEMY, GUILLARD, DE LARCHE , BOURQUENOUD , BEAUSSET , BOYELLEAU & DE BRAIN.

Extrait d'une Lettre de Monsieur Quentin de la Metrie à Monsieur Godeheu , à Madras, le 8 Octobre 1755.

No XVIII.

Je n'entrerai point dans les nouvelles de nos Quartiers, elles ne sont plus suivies de grands événemens. Dieu veuille que cela continue sur ce ton ; l'on commence à respirer dans nos Colonies, & même dans la Province, quoique le commerce n'y reprenne point encore, ce n'est plus faute de confiance ; c'est que, ma foi, tout est dévasté ; ainsi si la Trève que vous avez ménagée n'est promptement suivie d'une Paix bien cimentée, le parti le plus sage sera de plier bagage & de renoncer à tout commerce dans nos Quartiers. Je vous crois maintenant occupé à y travailler, ainsi qu'aux arrangemens à prendre pour nos Etablissemens. Si l'on suit vos vues, tout ira bien.

No XIX.

L'an mil sept cent cinquante-quatre, le deuxiéme d'Août avant midi, de l'ordre verbal de Monsieur Godeheu , Commissaire pour le Roi , & Commandant Général de tous les établissemens François aux Indes , Nous Louis De Brain, Conseiller au Conseil Supérieur, nous serions transporté à la Caisse courante de ce Comptoir, pour procéder à la vérification de ladite Caisse , ce que nous aurions fait avec le Sieur Delarche , Conseiller au

Conseil Supérieur, & Caissier; & après la vérification faite, nous n'aurions trouvé que la quantité de mil sept cent cinquante-six roupies, trois fanons, quarante-trois caches. En foi de quoi nous aurions signé le présent Procès-verbal, pour valoir ainsi que de raison. A Pondichery, lesdits jour & an que dessus. *Signés*, De Brain & Delarche.

N° XX.

L'an mil sept cent cinquante-quatre, le vingt-septiéme Août, Nous soussignés Louis De Brain, Conseiller au Conseil Supérieur, ayant été nommé par M. Godeheu, Commissaire du Roi, & Commandant de tous les établissemens François aux Indes, pour nous transporter au trésor de ce Comptoir, pour y vérifier la quantité des fonds qui étoient audit trésor le jour de l'arrêté fait sur le Journal des Minutes dudit Trésor par M. le Commissaire du Roi, & Commandant Général, & en dresser un Procès-verbal, ce que nous aurions fait ce jour; & après avoir examiné ledit Journal avec M. Guillard, Conseiller des Indes & Trésorier Général, nous aurions trouvé qu'il ne restoit rien audit Trésor le jour de l'arrêté dudit Journal le trente-uniéme Juillet 1754, par M. le Commissaire du Roi & Commandant Général. En foi de quoi nous aurions signé le présent Procès-verbal, auquel auroit signé aussi M. Guillard, Trésorier Général. A Pondichery, les jour & an que dessus. *Signés* De Brain & Guillard.

N° XXI.

L'an mil sept cent cinquante-quatre, le douziéme jour d'Août avant midi, de l'ordre verbal de M. Godeheu, Ecuyer-Commissaire pour le Roi, & Commandant Général de tous les Etablissemens François aux Indes Orientales, Nous Louis De Brain, Conseiller au Conseil Supérieur de Pondichery, nous serions transporté à l'Hôtel de la Monnoie, où étant en présence de M. André Boylleau, Directeur de la Monnoie, assisté du nommé Bapon, premier Essayeur; Channadapoulé, premier Ecrivain &, Moutou-Commora, premier Changeur de ladite Monnoie,

aurions

aurions procédé à la vérification de la Caisse de ladite
Monnoie, en contenant ses revenus provenant des droits,
tant sur les roupies que sur toutes les autres monnoies qui
s'y fabriquent, & aurions trouvé les différentes espèces,
ainsi qu'il suit :

SÇAVOIR,

Sept mille cent nonante-six
Roupies, trente - cinq gandas,
consistant comme suit,

Roupies provenant du droit
de Seigneuriage de la Compagnie, en dépôt à la Monnoie,
& entre les mains du Changeur
pour acheter & payer les peti-
tes parties d'argent qui se pré-
sentent journellement,   6473   13   35

Roupies diverses qui ont été
remises en cette monnoie pour
en faire la vérification, ou lingots provenant des essais ;

SÇAVOIR,

Roupies de Trissampour   200
Ditto de Mazulipatam
du tems des Maures, &
autres,   180
Roupies Bombay,   100
Roupies diverses,   175
En un marc 2 onces 4 gros
& demi de piastres,   26   3
Roupies Sicca de Bengalle 21
Roupies de Mazulipatam,
depuis qu'il est à la Compa-
gnie
                         20
———————— R , p   722   5
                        ─────────────
                        7196   35
                           M

25 Pagodes à l'Etoile, remi-
fes pour en faire l'effai & feuil-
les en provenant,   25

191 Pagodes de Négapatam
mifes en lingots, pour fervir
aux effais, & dont prefque le
tout fe trouve avoir été employé
à cet ufage, & actuellement
tout en feuilles d'effai,   191

6 Pagodes de Tanjaour ou
matières provenantes de l'effai,
& vérification de l'effai qui en a
été fait.   6

67 Pagodes d'or de Pondi-
chery, 27 fanons, 4 caches
provenant des droits de Seigneuriage de la Compagnie fur
les Pagodes fabriquées pour les
Particuliers depuis Octobre
1750,   67 27 4

36 Pagodes, 8 fanons, &
24 caches provenant des droits
de Seigneuriage de la Compagnie fur les caches fabriquées
pour les Particuliers comme
deffus,   36 8 24

Plus, il a été remis du Tréfor de la Compagnie en cette
monnoie le 30 Juillet dernier 6949 marcs, 1 once 7 gros de
matières d'argent piaftres, N° 4, provenant du Vaiffeau
le Montaran (a), qui font 137352 roupies 37 gandas, lefquelles matières font entre les mains des Fondeurs, Fa-

_____

(a) Ce Vaiffeau étoit un de ceux que M. Godeheu avoit amenés d'Europe avec lui, & qui étoit arrivé à Pondichery trois jours avant lui.

briquans , &c. Il a cependant été remis audit Tréfor à
compte le 31 du même mois 40000 roupies. Le furplus
eſt encore entre les mains des Fondeurs , Fabriquans, &c.

Il y a encore entre les mains des fufdits mêmes Ouvriers les droits , tant de Seigneuriage de la Compagnie ,
que ceux d'Imanſaheb , ſur les roupies qui ont été fabriquées , tant pour la Compagnie que pour les Particuliers ,
depuis le premier Janvier juſqu'à ce jour , qui pourront
monter enſemble à la ſomme de 10037 roupies 13 anas
20 gandas. Ces droits ne ſe retirent des mains des fufdits
Ouvriers , & n'entrent en caiſſe que l'année dévolue , &
même un mois ou deux après la fin de l'année , parce qu'ils
ſe trouvent dans les cendres.

En foi de tout ce que deſſus , nous avons dreſſé le préſent Procès-verbal , pour ſervir & valoir ce que de raiſon,
& avons ſigné. Fait & paſſé en l'Hôtel de la Monnoie les
jour & an que deſſus. *Signés* DE BRAIN & BOYLLEAU, &c.

LETTRE

LETTRE *de Monfieur Godeheu à Monfieur Saunders.*

De Pondichery, du 1 Août 1754.

JE fuis venu dans la fincère intention de travailler à pacifier les troubles de l'Inde, & fans m'écarter de ce que je dois à l'honneur de ma Nation, donner l'exemple de la modération & de l'équité, & changer enfin le théâtre d'une guerre, qui a déja coûté tant de fang, en un féjour de paix, de fureté & de commerce.

Voilà, Monfieur, une occupation véritablement digne de nous, c'eft-à-dire, de deux Nations policées qui s'eftiment, & à qui un funefte enchaînement d'événemens, peut-être imprévus, a mis les armes à la main l'une contre l'autre dans l'Afie, tandis que la paix regne entr'elles en Europe, & que leur intérêt refpectif devroit confifter à fe voir l'une & l'autre folidement établies, pour fe fecourir mutuellement contre des ennemis communs, contre des véxations & des avanies qui ne peuvent que nuire au commerce en général.

J'attendrai votre réponfe, Monfieur, & je fouhaite qu'elle foit conforme à mes vues; j'efpère que la fuite de mes actions vous en prouvera toute la fincérité; je fuis même charmé de trouver l'occafion de vous en donner une marque dès-à-préfent, en vous renvoyant * les troupes que M. Dupleix a fait arrêter ci-devant, lors de leur paffage de Madras au Fort Saint-David : donnant le premier cet exemple de générofité, je me flatte, Monfieur, que vous voudrez bien adoucir le fort de nos pri-

---

* C'eft par l'ordre du Miniftre que j'ai renvoyé ces 80 hommes à M. Saunders.

fonniers qui gémiffent dans des prifons obfcures, privés prefque de toute confolation & de tout fecours ; & qu'ont-ils donc gagné en évitant de tomber entre les mains des Maures, s'ils éprouvent les horreurs de la plus dure captivité entre les mains d'une Nation qui fçait les loix de la guerre, & qui a trop de fentimens pour ne pas fouffrir, en exécutant ainfi à la lettre ce qu'exige d'elle, fans doute, dans la premiere vivacité, un Allié qui veut rendre nos Officiers & nos Soldats les victimes d'un reffentiment qui n'eft peut-être que particulier ?

Quant à moi, Monfieur, s'il faut malheureufement que cette guerre fubfifte, je ne m'écarterai pas de ces principes reçus par toutes les Nations civilifées, & auxquels j'ai peine à croire que les Troupes Françoifes ayent dérogé dans l'Inde avant mon arrivée, à moins que je n'y fois forcé par des exemples.

Au refte, Monfieur, vous fçavez que rien n'eft fi incertain que le fort des armes : fi vous voulez la paix auffi fincérement que moi, évitons tout ce qui peut l'éloigner ; de nouveaux actes d'hoftilité, de quelque côté que l'avantage fe déclare, aigriroient encore les efprits ; d'ailleurs, comme nous avons à attendre de nouveaux ordres d'Europe, je ne vois rien de plus capable de nous rapprocher, qu'une fufpenfion * d'armes, pendant laquelle chaque Nation reftera dans la pofition où elle fe trouve actuellement, en convenant du jour auquel cette fufpenfion fera publiée à la tête des Troupes des deux Nations.

Ce feroit auffi une occafion favorable pour faire l'échange de nos prifonniers avec les vôtres ; vous pouvez y engager facilement Mahmet-Alykan ; je crois qu'on ne peut mieux employer ce tems précieux qu'à faire de bonnes actions, & qui ne tendent qu'à adoucir l'aigreur dont les

---

* Par les inftructions que j'avois reçues en partant de France, j'avois ordre de propofer cette fufpenfion d'armes.

efprits ne font que trop fufceptibles pendant la guerre.
J'ai l'honneur d'être, &c.

LETTRE de Monfieur Godeheu à Monfieur Saunders.

Du 15 Août 1754.

Vous penfez ainfi que moi, Monfieur, que tout acte
d'hoftilite de part ou d'autre ne feroit qu'aigrir les efprits;
je vous avois propofé une fufpenfion d'armes, perfuadé
que quand nos troupes refteroient tranquilles, les Armées
nationales, dont les nôtres font prefque toute la force,
feroient obligées de refter dans la même pofition ; & je
crois que comme leur fituation dépend de nous, il eft
néceffaire que toutes les Parties intéreffées entrent dans
l'accord que nous ferons enfemble. Cette difcuffion pour
une fimple fufpenfion d'armes, pourroit confommer un
tems précieux, & qui feroit mieux employé à traiter de
la paix; il me paroît par la fin de votre Lettre, Monfieur,
que c'eft le parti que vous embrafferiez le plus volontiers.
Je m'y porterai de même; & comme je fuis perfuadé que
vos propofitions, puifque vous êtes prêt à en faire, feront
fondées fur l'équité & fur les égards que des Nations
Européennes fe doivent l'une à l'autre, fans manquer à
ce qu'elles fe doivent à elles-mêmes, vous me trouverez
prêt, Monfieur, à les recevoir & à les difcuter avec vous
à l'amiable, fans chaleur, fans partialité, fuivant les mêmes
loix de la juftice qui doit faire toute la bafe de nos opérations : nous pouvons même convenir en même tems d'un
lieu propre à y tenir des affemblées de Députés.

Les affurances que vous me donnez, Monfieur, du
meilleur traitement à venir que vous ferez faire à nos
prifonniers, fi la guerre continue, n'adoucit pas le fort
de ceux qui font dans vos prifons. Je ne fçache pas qu'il
en ait été maltraité quelques uns des vôtres dans Pondichery. On m'affure même qu'ils n'y ont reçu que de bons
traitemens. J'ai peine à croire que vous foyez aftreint à

a ij

suivre les intentions de Mahmet Aly ; & je suis au contraire très-persuadé que vous voudrez bien lui donner l'exemple de la sensibilité & de la façon généreuse avec laquelle on doit traiter des prisonniers de guerre.

LETTRE de Monsieur Godeheu à Monsieur Saunders.

Du 29 Août 1754.

Il est à désirer que nous concourions à rétablir la tranquillité dans cette partie de la côte, où différens intérêts nous ont divisés au détriment du commerce en général, & de l'amélioration des terres, dont, entr'autres avantages, l'abondance & la bonté des fabriques est une suite nécessaire. C'est donc de ces côtés-ci que nous devons tourner nos vues, puisque c'est ici seulement que nous sommes divisés. A l'égard des affaires du Nord, Comme personne, je crois, ne peut contester à Salabetzingue la Soubabie du Dékan ; qu'en cette qualité il a pu faire des donations à qui bon lui a semblé, & que notre seule occupation a été jusqu'à présent de nous affermir dans celles que ce Seigneur nous a faites, sans que nous ayons encore eu rien à démêler avec la Nation Angloise à ce sujet ; il me paroît, Monsieur, que ces affaires n'ayant rien de commun avec celles du Karnatte, elles entraîneroient des discussions & des longueurs qui retarderoient la fin de celles ci.

C'est pour y parvenir plus promptement que je croirois la suspension d'armes inutile & même à charge, suivant les réflexions que vous avez eu vous-même la bonté de me faire faire, & auxquelles j'ai répondu par ma dernière Lettre. Nous ignorons les uns & les autres ce qui se passe dans le cœur de nos Alliés, & je ne verrois de sûreté dans cette suspension, qu'autant que nous nous engagerions mutuellement à forcer les Alliés de l'un & de l'autre parti, même les troupes auxiliaires, à ne causer aucun trouble ni ravage sur les terres dont les deux Nations jouissent à préfent, même à nous défendre l'un l'autre s'ils nous attaquoient, & à ne les attaquer dans quelque pofte ou place que l'une ou l'autre Nation occuperoit.

Voilà un préliminaire que je crois néceffaire & que l'éloignement des lieux, ainfi que l'ignorance de l'état des chofes, auront peut-être empêché de prévoir dans le traité que vous croyez conclu en Europe.

LETTRE de Monfieur Godeheu à Monfieur Saunders.

Du 29 Août 1754.

Je reçois dans l'inftant la Lettre que vous m'avez fait l'honneur de m'écrire le 27 de ce mois, au fujet de l'affaire qui s'eft paffée derniérement à Trichenapaly, & du détachement qui a paffé du côté d'Alempravé.

Permettez-moi de vous dire, Monfieur, que quoique mes intentions foient toujours auffi fincéres pour la paix que je vous l'ai expofé dans ma premiere Lettre, la fuf-penfion d'armes n'étant encore ni convenue ni arrêtée, & nos propofitions refpectives ignorées même des Com-mandans de nos Troupes, il n'étoit pas naturel que les nôtres viffent tranquillement entrer dans une place qu'elles affiégent, un convoi efcorté, & couvert par les Troupes Angloifes ; nous avons vû fouvent en Europe, dans le tems même des Conférences pour la paix, des armées agir ; les Hiftoires font remplies de pareils exemples, & c'eft une maxime reçue, qu'il faut que les conditions d'une paix ou d'une trève puiffent être obfervées également des deux partis, & dans le même tems, autrement celle qui commenceroit par obferver feule les conditions, fe trouveroit moins en état d'en faire de raifonnables ; or, comme nos Troupes affiégeoient Trichenapaly, & qu'il n'étoit pas encore convenu que vos Troupes ne facilite-roient pas l'entrée d'un fecours dans la Place ; lorfqu'elles fe font préfentées, il n'étoit pas naturel que les nôtres ne s'y oppofaffent pas ; il en eft de même, Monfieur, du

détachement qui a été du côté d'Alempravé, & qui de-là
est tombé sur quelques Cipayes escortés de vos Troupes
& d'artillerie, qui venoient piller nos Aldées; notre détachement n'a fait que repousser l'attaque, & chasser les
Cipayes ennemis, comme vous auriez fait sans doute, si
les nôtres avoient été attaquer les postes, ou piller les
terres dont vous tirez les revenus, & que vos Troupes
occupent. Vous voyez donc, Monsieur, que depuis ma
proposition, ce sont vos Troupes qui ont commencé à
agir offensivement; car c'est un acte d'hostilité que de
tenter de faire entrer à main armée du secours dans une
Place que l'on assiège, avant qu'il ait été convenu qu'il sera
libre d'y en faire entrer; ce qui n'a lieu que par des conditions expresses, ou par une suspension d'armes proclamée.

LETTRE de Monsieur Godeheu à Monsieur Saunders.

Du 4 Septembre 1754.

J'apprends, Monsieur, que nos Marchands qui n'aiment
pas, ainsi que tous les gens de cet état, les mouvemens de
guerre, ont de la peine à tirer des Marchandises de l'intérieur des terres, & qu'ils n'osent y risquer de l'argent.

Voyez, Monsieur, s'il ne convient pas mieux pour l'intérêt commun de laisser le commerce libre dans tous les
endroits de Fabrique, ainsi que le transport des Marchandises, que de rendre ces endroits le théâtre de la guerre,
& des calamités qui en sont une suite nécessaire. Je prendrois à regret un parti qui pourroit devenir nuisible à l'une
& à l'autre Compagnie, tout l'avantage ne devant & ne
pouvant, suivant les loix de la justice, rester à l'une pri-
vativement à l'autre. J'attends de vous, Monsieur, une
prompte & positive réponse à ce sujet.

LETTRE de Monſieur Godeheu à Monſieur Saunders.

Du 10 Septembre 1754.

J'ai reçu hier, 9 de ce mois, après midi, la Lettre que vous m'avez fait l'honneur de m'écrire le 5 du même mois.

Je conviens avec vous, & avec toute perſonne raiſonnable, que plus la guerre entraîne de malheurs après elle, plus on doit s'appliquer à les faire ceſſer : je vous ai marqué par ma première Lettre quelles étoient mes intentions à cet égard en vous propoſant une ſuſpenſion d'armes. Par votre réponſe du 7 Août, vous acceptâtes ma propoſition, en m'inſinuant cependant de m'informer des diſpoſitions de nos Alliés.

Par ma lettre du 15, je vous marquois que comme la ſituation préſente des affaires & celle de nos Alliés paroiſſoient devoir conduire à quelques diſcuſſions qui retarderoient d'autant les conférences pour la paix, puiſque la ſuſpenſion d'armes ne ſeroit pas ſitôt arrangée, j'embraſſois volontiers votre dernière réflexion, qui eſt à la fin de votre Lettre du 7 Août, ſuivant laquelle il paroiſſoit que vous penchiez également vers le parti de travailler tout de ſuite à la paix ; je vous demandai même une copie des propoſitions faites de part & d'autre à Sadras.

Votre réponſe du 25 Août, Monſieur, me fit voir que vous aviez envie de faire ceſſer tout acte d'hoſtilité dans tous les pays du Nord comme dans le Karnatte.

Vous avez vu dans ma réponſe du 29 Août, les raiſons qui m'ont empêché d'accéder à votre propoſition au ſujet de la ceſſation de tout acte d'hoſtilité dans le Nord ; je ne les rappellerai point ici, mais je m'y réfère entièrement, parce que je ſuis très-convaincu que nos troupes dans le Nord , qui ont à démêler des intérêts étrangers à ce qui peut regarder les Nations Européennes, n'ont pas en ordre de molefter vos établiffemens & votre commerce, & qu'elles n'ont réellement fait que s'affurer ce que nous tenons de la reconnoiffance du Souba du Dékan. Si vous aviez reçu du Nord des avis contraires, vous me feriez plaifir de m'en faire part, & je donnerai des ordres précis pour que ce dont vous vous plaignez, n'arrive pas.

Il paroît, Monfieur, que dans la fuite de votre Lettre vous avez fenti la force de mes raifons, puifque vous vous propofez de fixer un jour où on ceffera tout acte d'hoftilité à Trichenapaly.

Mais cette propofition laiffe encore quelques doutes fur le refte du Karnatte que vous paroiffez exclure de cet accord; car ne commettre aucun acte d'hoftilité dans un feul endroit, tandis que le refte feroit en feu, & que tranquilles poffeffeurs de Trichenapaly, il vous feroit libre de vous porter par-tout où bon vous fembleroit, c'eft ce qui ne peut être admis.

D'ailleurs, Monfieur, vous ne me répondez rien fur ce que je vous ai marqué dans ma Lettre du 29 au fujet des Troupes auxiliaires, que l'on doit regarder autrement que des Alliés, ni fur les propofitions que je vous faifois d'accéder à la fufpenfion d'armes (à laquelle de nouvelles circonftances m'avoient forcé de déroger) en ftipulant que les deux Nations fe fecoureroient contre des Alliés ou Troupes auxiliaires de l'une ou de l'autre, fi elles s'en trouvoient attaquées, ou fi leur pays, ou terres dont elles font en poffeffion, fe trouvoient expofés à être ravagés ou pillés par ces mêmes Alliés ou Troupes auxiliaires, pendant l'intervalle de la fufpenfion; cette condition cependant, vû l'état actuel des chofes, me paroît abfolument néceffaire, fans quoi, je vous le répete, toute fufpenfion d'armes deviendroit peut-être auffi inutile que préjudiciable.

Je crois qu'il feroit difficile de prouver qu'on a contraint les Soldats du Détachement de M. Schaub à monter fur nos Vaiffeaux, ou à aller à Golconde: les François n'ont jamais été dans le cas d'être taxés d'une pareille violence, ils l'ont au contraire éprouvée quelquefois ; si quelques-uns de vos Soldats ont été à Golconde, on ne peut les regarder que comme des Déserteurs qui ont pris le parti qui leur convenoit le mieux, & qu'on n'est jamais tenu de remplacer ni de rendre quand il n'y a pas de Cartel ; j'ignore totalement ce qu'ils sont devenus. M. Schaub doit vous avoir dit que je lui ordonnai de retourner à Madras avec ses quatre-vingt hommes, c'est de lui que j'appris qu'il en manquoit un certain nombre ; si je les trouvois ici, je vous les renverrois avec la même bonne foi qui m'a guidé dans la premiere action, à laquelle, je vous l'avouerai, j'aurois cru que vous auriez été plus sensible ; mais exiger de moi que j'aille plus loin, c'est à quoi je ne pourrois me prêter, sans me dégrader même auprès de vous, dont je suis jaloux de me conserver l'estime. Je suis venu ici avec l'amour de la franchise & des bons procédés ; en un mot, pour faire des actions louables, & non pas qui se sentent d'une foiblesse qui ne convient ni à mon état ni à ma façon de penser.

LETTRE de Monsieur Godeheu à Monsieur Saunders.

De Pondichery, le 10 Septembre 1754.

J'ai reçu la Lettre que vous m'avez fait l'honneur de m'écrire le 5 de Septembre, avec les quatre articles de propositions qui doivent servir de base à la pacification générale ; vous avez pu remarquer par la derniere phrase de ma Lettre du 4 de ce mois, quelles étoient mes dispositions à l'égard de la Nababie d'Arcatte, & pour les expliquer dans tout leur jour, les voici dictées par toutes les règles de l'équité, conformément à la saine politique, à la constitution de l'établissement des Nations Européennes, & plus encore à leurs intérêts, qui demandent de la tranquillité.

Vous conviendrez, Monsieur, qu'il ne dépend ni de vous

ni de moi de créer un Nabab d'Arcatte, dont le choix dépend du Souba du Golconde seul. Qu'une des deux Nations Européennes prétende en nommer un, n'est-ce pas prétendre allumer la guerre pour soutenir son choix? Et de quel droit voudroit-elle le soutenir contre la volonté du Souba du Dékan, à qui ce seroit faire une loi, qu'il ne souffriroit pas que des étrangers voulussent lui imposer dans ses Etats? Laissons, Monsieur, laissons les Princes Indiens gouverner leurs Etats comme bon leur semblera, & reconnoissons pour Nabab celui qui sera choisi par celui qui seul a le droit de le nommer; tel qu'il soit, je ne m'y opposerai point; mais nous devons nous garder du désagrément de voir notre choix infirmé par un Souba du Dékan, ou d'être dans l'obligation de le soutenir par une guerre dont nous devons toujours nous garder. Je puis vous assurer d'avance que je ne ferai aucune démarche auprès du Souba pour forcer son choix, étant assuré de la bienveillance de quiconque sera déclaré Nabab, dès que nous nous conduirons avec justice & modération.

Je crois donc qu'il faut poser pour base du Traité, l'envie sincere de maintenir la tranquillité, & d'éviter de prendre part aux discussions des Princes du pays, & de ne les point troubler dans la jouissance de leurs Etats.

Ce principe posé, Monsieur, le reste suit de lui-même; car si nous voulons nous ingérer de nommer un Prince pour gouverner un Etat, en un mot, de faire la loi à celui qui a seul droit de la faire dans ses Etats, ce n'est plus répondre à l'idée qu'on a dû se former d'un plan de pacification stable. Quant au Roi de Tanjaour, il me paroît qu'il doit être invité à accéder au Traité comme tous les autres Princes & Alliés intéressés dans les troubles présens.

Mais s'engager à le laisser possesseur tranquille de tout son pays, c'est entrer encore dans les querelles des Princes du pays, qui, pour quelques raisons particulieres, voudroient lui faire une guerre dans laquelle nous ne devons point entrer.

Qu'à la paix toutes les Parties contractantes s'engagent

à laisser le Roi de Tanjaour possesseur de son Royaume, ainsi que les autres Princes ou Rois de l'Inde, je ne m'y opposerai assurément point; mais que nous le stipulions, c'est nous rendre garants des faits de ces mêmes Princes envers le Roi de Tanjaour, ce qu'il faut absolument éviter.

LETTRE de Monsieur Godeheu à Monsieur Saunders.

De Pondichery, le 14 Septembre 1754.

On m'a prévenu, Monsieur, que les Troupes nouvellement arrivées à Goudelour avoient ordre de marcher, & qu'il y en avoit même en route: vous pouvez juger que je ne verrai pas cette marche d'un œil tranquille; je vous prie de me dire positivement sur quoi je dois compter; nous sommes en état de faire répandre du sang, mais nous pouvons aussi l'épargner. Mahamet Alykan a donné des ordres pour venir s'emparer d'un de nos * *Paraganas* , ce sont autant d'actes d'hostilité qui ne peuvent concourir à l'acheminement de la paix; car sûrement je ne souffrirai pas qu'on nous les enleve. Vous voyez, Monsieur, la franchise avec laquelle je me déclare. Je suis persuadé de la vôtre, ainsi j'y compte, sans que rien soit capable de me faire changer de façon de penser à cet égard : ce ne feroit que sur votre silence que je douterois de vos dispositions réellement favorables, si je voyois ce silence suivi ou précédé de préparatifs ou de marches qui n'annonceroient pas la tranquillité.

LETTRE de Monsieur Godeheu à Monsieur Saunders.

De Pondichery, le 30 Septembre 1754.

J'ai reçu le 28 de ce mois les deux Lettres que vous m'avez fait l'honneur de m'écrire le 22, & qui ne sont parties que le 24, suivant le P. S. de la première, à laquelle sont joints les ** *Dastoks* qui ont été retardés.

* Certaine étendue de possessions.
** Espèce de Passeports.

Que ce foient les Troupes de Mahamet Aly, ou d'autres qui font venues d'Outrématour piller nos Terres &
interrompre nos récoltes, j'aurois été fort imprudent fi je
les avois laiffé faire, & fi je n'avois pas cherché les moyens
d'arrêter leurs courfes ; au refte, je ne me plains ni de cet
acte d'hoftilité, ni de celui qui réfulte, fuivant les Loix
de la guerre, d'une introduction de convoi dans une
Place affiégée : il eft auffi naturel de chercher à fecourir
une Place, qu'il l'eft à celui qui l'affiége de chercher les
moyens d'empêcher le fecours d'y entrer. Nous ne devons nous faire aucun crime l'un à l'autre de ces opérations, elles font régulieres tant que la fufpenfion d'armes
ou la paix n'eft pas fignée & proclamée ; ainfi, Monfieur,
quand je vous ai cité le pillage des gens d'Outrématour,
le convoi qui s'eft préfenté pour entrer dans Trichenapaly,
la fortie des gens d'Arcatte, (je pourrois encore citer les
préparatifs qui fe font depuis quelque tems à Goudelour) je
n'ai pas prétendu vous en faire un reproche, non plus que
vous ne m'en devez faire fur les mefures que je peux avoir
prifes de mon côté pour m'oppofer aux deffeins des ennemis.
Rien de fi naturel de part & d'autre ; mais j'ai prétendu feulement vous dire, Monfieur, que des actes d'hoftilité pareils,
& tous autres, ne peuvent être arrêtés que par une fufpenfion
d'armes fignée & proclamée. Il ne tient qu'à vous qu'elle
le foit : je vous en ai envoyé les articles, vous m'avez écrit
qu'ils étoient conformes à vos idées, & vous en êtes
refté là. Je vous ai écrit en même tems que fi ces articles
vous convenoient, j'étois prêt à les figner ; vous ne me
répondez rien ; votre filence en pareil cas ne fait pas une
acceptation, & l'approbation que vous donnez à ces articles dans une Lettre, ne fuffit pas pour rendre un Traité
de fufpenfion valide, pour contenir nos Troupes, nos
Alliés, & nos Ennemis communs, s'il s'en déclare. Ayez
donc la bonté de vous déclarer nettement ; fi vous voulez
accepter la fufpenfion d'armes ; envoyez-moi les articles
que je vous ai remis, fignés de vous, je vous en enverrai
une pareille copie fignée de moi : convenons du jour où

elle fera proclamée, car il faut qu'elle le foit, il eft tout auffi effentiel & indifpenfable qu'elle foit notifiée à nos Alliés refpectifs.

Je vois avec peine, Monfieur, que je n'ai pas eu le bonheur de vous infpirer une confiance que ma façon franche & ouverte de correfpondre fembloit devoir m'attirer de votre part.

Si j'étois mieux connu de vous, Monfieur, vous n'auriez aucun doute fur ma façon de penfer & d'agir. Il eft différentes façons de traiter par rapport à la forme, fuivant les différens caractères de ceux à qui on a affaire; mais ceux qui fe mettent toujours en avant les premiers, paroiffent par cette conduite tâcher de détruire des foupçons que je ne me fuis jamais attirés, & que je ne mériterai jamais; ainfi, Monfieur, marchons, fi vous le voulez bien, d'un pas égal.

A l'égard des diftricts, je vous ai demandé l'état des vôtres pour me fervir de modèle. Mais je penfe que la fufpenfion d'armes proclamée fuffit pour arrêter tout acte d'hoftilité, fans qu'il foit néceffaire d'entrer dans un détail, qui, par fon étendue, pourroit, n'étant pas tout-à-fait jufte, entraîner des difcuffions fans fin: il fuffira, à ce que je cro s, que ceux qui fe croiront léfés, demandent juftice de la léfion commife; & on éclaircira alors s'ils fe plaignent avec juftice ou non fur telle ou telle partie.

L'article des Prifonniers fuivra, fi vous le voulez-bien, la fufpenfion d'armes; mais je ne puis trop vous répéter qu'il faut que cette fufpenfion foit revêtue de toutes les formalités requifes; finon je regarderai les propofitions faites à ce fujet comme non avenues. Ainfi, fans nous arrêter à des difcuffions qui ne font qu'acceffoires, & afin que je fçache à quoi m'en tenir définitivement, ayez la bonté ou de me dire que vous ne voulez point de fufpenfion, ou de m'envoyer en réponfe les articles que j'ai eu l'honneur de vous propofer, traduits en Anglois, fignés de vous; je vous en ferai tenir une pareille copie fignée de moi, à moins que vous ne jugiez plus convenable de nous fervir d'une langue commune, qui eft la Latine, & je crois que cet expédient abrégeroit bien les chofes. Le tems fe paffe ; fi vous ne me répondez pas pofitivement, & que vous ne jugiez pas à propos de m'envoyer lefdits articles, il faudra néceffairement que les chofes retombent dans le même état où elles étoient à mon arrivée.

LETTRE de Monfieur Godeheu à Monfieur Saunders.

De Pondichery, le 3 Octobre 1754.

J'apprends par la Lettre que vous m'avez fait l'honneur de m'écrire le 29 du mois dernier, que vous avez figné & envoyé à M. Stark, Gouverneur du Fort S. David, les articles que je vous avois propofé par ma Lettre du 10 dudit mois pour parvenir à la publication d'une fufpenfion d'armes. M. Stark m'a écrit à ce fujet, & je lui marque que je crois qu'il convient que l'échange des ratifications réciproques fe faffe par le moyen de Députés de chaque Nation, lefquels fe trouveront à moitié chemin. *Vous voyez, Monfieur, que je réponds de tout mon pouvoir à l'envie que vous avez de concourir au rétabliffement de la tranquillité* ; faffe le ciel que cette premiere démarche puiffe nous conduire à celui de l'accord, & de l'amitié, qui, comme vous le dites, devroit regner entre les deux Nations, & enfin à faire goûter aux peuples les fruits d'une paix folide & raifonnable ; c'eft à quoi je travaille de mon côté, & je compte vous envoyer dans peu mes obfervations fur votre projet de traité, & les articles en conféquence.

LETTRE de Monfieur Godeheu à Monfieur Saunders.

De Pondichery, le 12 Octobre 1754.

Je réponds à la Lettre que vous m'avez fait l'honneur de m'écrire le 25 du mois dernier, & dans laquelle j'ai

trouvé douze articles de propositions pour parvenir à la pacification générale.

Trouvez bon que je vous obferve à ce fujet, que le
moyen le plus sûr d'y parvenir n'eft pas de s'aigrir mutuellement par des reproches fur le paffé, & vous ne vous
attendez pas fans doute à des explications de ma part,
encore moins à des juftifications ; jamais des Troupes auxiliaires n'en ont exigé pour les Parties principales, à
qui feules il appartient de fe plaindre, & fi Mahmet-Alykan
fe plaignoit, j'aurois peut-être bien de quoi lui répondre.

Je fuis venu ici, Monfieur, pour travailler à la paix
d'une façon ftable & décente ; j'y fuis venu après avoir
été informé de ce qui s'eft paffé à Londres, non-feulement entre les deux Compagnies, mais encore entre les
Miniftres refpeƐtifs des deux Couronnes, & vous pouvez
être convaincu par vos propres yeux que dans le cours de
la Négociation, & dans tous les écrits de part & d'autre,
il n'y a aucun terme qui puiffe être attribué à autre caufe
qu'à l'envie de fe concilier. J'ai fous les yeux ce que vous
me marquez dans votre Lettre du 22 Septembre. Le voici.
*Nous fommes tous deux chargés d'affaires publiques, &
revétus de caraƐlères qui doivent nous infpirer une confiance réciproque, & l'honneur nous engage à nous accor-
der mutuellement.* .... Puis donc, Monfieur, que vous
êtes perfuadé que tels doivent être mes fentimens, vous
devez penfer auffi que je dois néceffairement être affeƐté
de termes & de façons de s'expliquer, qui loin d'amener
les efprits au point defiré, ne peuvent que les aigrir &
faire dégénérer en querelle de mots une matière importante, qui feule doit nous occuper pour l'avantage du
public, & celui de nos deux Nations en particulier.

Après ce préambule que j'ai cru néceffaire pour la fuite
de notre correfpondance, je paffe à l'examen de vos articles, puifque ceux que vous m'aviez envoyé ne vous
paroiffent pas à préfent affez circonftanciés.

Il n'y a rien à dire fur le premier article ; trouvez bon que je vous arrête au second, il est conçu dans des termes tout nouveaux pour moi.

Je sçais que la Compagnie d'Angleterre a mis en avant des prétentions sur Divy; mais elle n'en a jamais produit les titres, quelques instances qu'on ait faites à ce sujet, & c'est une marque non équivoque de l'esprit de justice qui a toujours conduit la Compagnie de France.

Je ne vous rappellerai point, Monsieur, tout ce qui a été dit & répondu à ce sujet, vous le sçavez aussi bien que moi, & il n'a jamais été question des vexations des François pour s'approprier Divy & Mazulipatam par la force des armes.

Le Ministère d'Angleterre n'a jamais fait ces reproches à celui de France, & la Compagnie ne les mérite point. Personne n'habitoit Divy, Mazulipatam appartenoit au Souba du Dékan, ainsi que le reste de ses Etats. Ce Prince a pu en gratifier telle ou telle Nation, sans que personne ait le droit de le trouver mauvais; la Compagnie de France se seroit dégradée elle-même, si elle n'avoit pas pris les mesures nécessaires pour s'assurer de ces donations vis-à-vis des gens du pays, & voilà tout ce qu'elle a fait à main armée. Si on a voulu l'empêcher de prendre possession de ces établissemens, elle a eu raison de s'y défendre, d'autant plus qu'il n'y a aucun traité antérieur qui défende à telle ou telle Nation de s'établir où les Princes du Pays souffriront qu'elles s'établissent. S'il y en avoit quelqu'un, combien d'infractions n'y auroit-il pas à reprocher aux unes & aux autres, combien d'établissemens formés, même malgré les Princes du pays & à main armée ? J'en citerois de récens; en un mot, Divy & Mazulipatam sont à la Compagnie de France par des donations en forme que rien ne peut détruire. Malgré cette prise de possession, les Anglois ont pu continuer leur commerce à Mazulipatam, s'ils ont voulu.

Divy n'étoit point habitée lorsque la Compagnie de France a commencé à s'y établir; les prétentions des Anglois sur cette espèce d'Isle, n'ont point été exhibées,

donc

donc il n'y a point eu d'infractions au traité de paix, donc on
ne peut demander de réparations pour un délit qui ne
fubfifte pas ; aufli n'eft-ce pas à ce titre, mais volontairement, que la Compagnie de France fe défifteroit d'une partie aufli confidérable de fes nouvelles poffeffions.

Au refte, Monfieur, je ne puis vous diffimuler que le
mot de *réparation* ne me paroît pas admiffible dans un
Acte, où l'on traite d'égal à égal, & où chacun a fes
droits à foutenir ; fur-tout fi le mot qui l'exprime en Anglois a la même force que le mot de *réparation* a en François ; car dans cette derniere Langue il emporte une idée
déshonorante dont je fuis perfuadé que vous êtes fort éloigné. C'eft ce qui me feroit fouhaiter, Monfieur, que
comme je n'ai ici qu'une feule perfonne qui puiffe traduire
l'Anglois en François, vous m'envoyaïiez vos Lettres
& autres écrits en Anglois avec la traduction en François ;
car indépendamment des fautes que l'on peut faire ici, fi
cette perfonne tomboit malade, notre correfpondance fe
trouveroit arrêtée tout d'un coup.

Sur l'Article III.

Je vous ai déja dit, Monfieur, que l'énoncé de cet Article me paroiffoit contraire à nos difpofitions, qui font de
ne nous mêler en aucune façon des querelles des Princes
du pays. Je n'ai vû aucun titre de Mahmet Aly ; je ne
m'oppofe point à ce qu'il foit reconnu Nabab d'Arcatte ;
mais comme vous ne pouvez difconvenir que ce n'eft ni
à la Compagnie de France ni à celle d'Angleterre à déclarer que tel Prince, ou Seigneur Maure, eft le légitime
Nabab d'Arcatte ou non, & que c'eft au Souba du Dékan,
& fupérieurement à lui, à l'Empereur Mogol à décider des
droits & prétentions de tous les Seigneurs de fon Empire,
par la même raifon quand le Nabab eft nommé, les Nations Européennes doivent pareillement ne point troubler
fa poffeffion, & renoncer à toute entreprife de dépoffćder

c

l'un pour en mettre un autre à sa place : en un mot, en
suivant nos premieres difpofitions, aucune des deux Nations Européennes ne troublera le Nabab regnant dans la
poffeffion de fes Etats. Voilà quels doivent être nos engagemens réciproques, & tout ce que vous croyez qui ne
doit regarder que les François eft une obligation à laquelle
les deux Nations feront aftreintes pour la tranquillité générale ; car enfin, Monfieur, ce ne feroit qu'à Mahmet-Aly
à demander des réparations, & non à fes Alliés qui ne
font que le fecourir ; je l'ai déja dit, jamais les Troupes
auxiliaires ne fe font mêlées des intérêts des Parties principales, c'eft à celles-ci à difcuter leurs droits & à fe faire
faire des réparations, fi on les a offenfées ; mais que dans
un traité, vous enjoigniez aux François des conditions,
auxquelles il ne paroît pas feulement que vous témoigniez
avoir envie de vous foumettre vous-même, puifque vous
n'y dites rien des Troupes Angloifes, c'eft ce qui n'eft pas
admiffible.

Vous dites bien auffi dans cet Article, Monfieur, que
les François retireront leurs Troupes de tous les pays &
diftriéts qui appartiennent au Nabab, excepté ceux qui nous
refteront ; je vous demande à ce fujet ce que deviendront
les diftriéts qui appartiennent au même Nabab, & qui
font gardés par les Troupes Angloifes ? Il faut que le
Copifte ait oublié quelque chofe, ou que le Traduéteur
fe foit trompé.

Vous ne dites rien des Prifonniers, & de l'Artillerie ; cependant ces Articles doivent être joints néceffairement à l'évacuation des Places.

Les François ne peuvent pas être tenus de reftituer au
Nabab toutes fes Places, quand il ne fera pas tenu de fon
côté à leur rendre les Prifonniers & l'Artillerie qu'il peut
leur avoir pris ; il s'enfuivroit que la Compagnie de France
traiteroit avec le Nabab aux conditions qui accompagnent
le rétabliffement de la paix, & que le Nabab traiteroit avec
la Compagnie de France à des conditions qui ne doivent fubfifter que durant des hoftilités ; ce feroit la pre-

mierc fois qu'on auroit vû une pareille ſtipulation dans
un traité.

Sur l'Article IV.

Il ſuffit de dire qu'aucune des deux Nations ne troublera
le Roi de Tanjaour dans la poſſeſſion de ſes Etats, comme il
ne pourra non plus anéantir celle des terres qu'il a accordée
ci-devant auxdites deux Nations, ſoit à titre de préſent, prêt
ou nantiſſement, & que les anciens accords faits avec ce
Prince par l'une & l'autre Nation, ou par l'une d'elles ſé-
parement, ſortiront leur plein & entier effet.

A l'égard de la clauſe qui eſt inſérée dans cet Article,
& qui porte que le Roi de Tanjaour ſera laiſſé poſſeſſeur
libre de ſon pays, elle me paroît trop générale, & toute
oppoſée à l'eſprit dans lequel les deux Compagnies doivent traiter.

Comme par le premier Article elles s'engagent à ne
point entrer dans les querelles particulieres des Princes
du pays, ce ſeroit admettre que les Parties contraćtantes
ſe rendront garantes de la tranquillité du Roi de Tanjaour,
qui pourroit dans la ſuite être attaqué par ces mêmes Princes, comme cela arrive tous les jours, ſur-tout dans un
pays où les révolutions ſont ſi fréquentes.

Que les deux Compagnies s'engagent à ne point troubler le Roi de Tanjaour dans ſes États, comme il s'enga-
gera de ſon côté à ne point troubler les deux Compagnies
dans leurs poſſeſſions dans ſon pays, mais au contraire à
les y maintenir; c'eſt tout ce que les Parties contraćtantes
peuvent raiſonnablement exiger l'une de l'autre en vertu
de leur convention.

Sur l'Article VI.

Comme on a poſé pour une des premieres conditions
que les Puiſſances de l'Inde intéreſſées à la préſente
guerre ſeront invitées d'accéder au préſent traité, il n'eſt
pas naturel d'en exclure le Roi de Maïſſour, & de ne lui

éffrir qu'une médiation, tandis qu'on ſtipuleroit formellement pour le Roi de Tanjaour. Ce ſeroit faire voir aux
Indes que l'on doit y faire une grande différence entre
l'alliance des François & celle des Anglois.

Le Roi de Maïſſour, & tous les Princes alliés ſoit des
François, ſoit des Anglois, doivent être invités d'accéder
au traité, & les conditions pour la conſervation de leurs
intérêts reſpectifs doivent être les mêmes pour chacun
d'eux ; ainſi ſi on ſtipule pour le Roi de Tanjaour, on doit
ſtipuler pour le Roi de Maïſſour.

Sur l'Article VII.

Cet Article me paroît encore propre à être ſupprimé. Il
eſt inutile de ſtipuler rien pour la famille de Chandaſaëb
vis-à-vis du Nabab d'Arcatte, & ce ſeroit encore déroger
au parti que les deux Compagnies veulent prendre de ne
s'immiſſer en rien dans les affaires particulières des Maures ; ce ſera à ſes Maîtres & à ceux du Nabab d'Arcatte
à faire un ſort à cette famille, de façon que la tranquillité publique n'en ſoit pas troublée, c'eſt à quoi nous
devons ſeulement employer nos bons offices ; mais ce
n'eſt pas une condition à laquelle on veuille s'aſtreindre
pour parvenir à la paix.

Sur l'Article VIII.

La Compagnie de France n'a jamais prétendu changer
la nature des anciennes poſſeſſions des Anglois ; elle n'a
jamais entendu faire un commerce excluſif à Narzapour ;
j'ignore que nos Troupes ayent forcé les Anglois à ſe retirer de leur loge de Madepalom ; les Hollandois jouiſſent
de la leur à Paléacole ; mais je ne vois pas pourquoi les
Anglois prétendroient empêcher la Compagnie de France
de jouir de ce qui lui a été donné légitimement ; & qu'au
contraire elle recevroit de ſon propre bien la part que les
Anglois voudroient bien lui faire, tandis qu'ils ne conſultent

pas même la Compagnie de France fur ce qu'ils ont envie de garder. Vous avouez vous-même cinq Établiffemens fur la rivière d'Ingerum, & un fixième à Vizigapatam, & vous nous en accordez trois dans les endroits où il vous plaît de les fixer. Permettez-moi de vous dire que cette décifion de votre part ne peut convenir ni à la Compagnie de France, ni à l'état de fes affaires, ni à la dignité du Roi fous les yeux de qui je dois faire paffer le traité.

Si la Compagnie de France avoit des facrifices à faire, elle les feroit volontairement, & du moins le choix doit-il lui être libre, en cas qu'elle foit dans l'intention de renoncer à quelques-unes de fes poffeffions; elles font légitimement acquifes; c'eft le fruit du fang & des travaux des Sujets du Roi, & des dépenfes qu'elle a faites; exiger qu'elle s'en deffaififfe uniquement parce que l'Angleterre le veut; qu'elle perde par-là toute la confidération qu'elle s'eft acquife; qu'elle fe dégrade aux yeux même des Princes qui ont recherché fon appui, c'eft ce qui ne peut être propofé; c'eft tout ce qu'on pourroit exiger d'un acquéreur injufte ou d'un ufurpateur.

Mais vous, Monfieur, qui vous plaignez des donations qui ont été faites à la Compagnie de France par le Souba du Dékan, croyez-vous que j'ignore les nouveaux établiffemens que vous avez formés du côté d'Yanaon? Avant la guerre, vous ne poffédiez ni Malarum ni Bander-Malanka, ni Coringé. Vous vous en êtes emparé, & vous avez planté votre pavillon fur Coringé; vous avez auffi depuis ces troubles fortifié Nellépelly qui n'étoit qu'une blanchirie, & cette fortification ne peut fubfifter fi près de notre loge. Cependant Yanaon dépend du Souba du Dékan; je doute que vous ayez eu fon firman; & quand ce feroit une donation du Nabab de Rajimendrie, vous fçavez que toute donation de cette efpèce eft invalide, dès qu'elle n'eft pas revêtue du confentement du Supérieur. Cependant vous prétendez conferver toutes ces nouvelles poffeffions, & vous vous oppofez à ce que les François confervent ce qui leur appartient légitimo-

ment. Eſt-ce-là traiter d'égal à égal ? Vous avez commencé par vous dédommager du tort que vous prétendez
vous avoir été fait, & enſuite vous en demandez raiſon :
ſi vous voulez garder Coringé , & tous les autres nouveaux établiſſemens au Nord , il n'y a aucune raiſon qui
puiſſe obliger la Compagnie de France à ſe déſiſter de
tous les pays qui lui ont été concédés depuis Monté-
pelly juſqu'au-delà de Narzapour. Vous ſçavez , Monſieur , que la ſituation de l'Iſle de Coringé ne permet
pas , ſuivant nos principes , que cette Iſle reſte à l'une ou
à l'autre Nation , parce que nous devons convenir que
nos établiſſemens ne doivent pas ſe gêner les uns les autres. Or cette Iſle qui eſt directement à l'entrée des deux
bras de la riviere d'Yanaon , empêcheroit l'exécution d'un
plan raiſonnable : il en eſt de même du nouveau Comptoir que vous avez formé derriere notre ancienne Loge ;
vous n'avez pas conſidéré ſi cet établiſſement nous gêne-
roit , mais vous ne voulez pas que nous vous gênions ,
la loi n'eſt pas égale ; quelque part où nous voudrions
nous placer , vous auriez toujours à nous dire que nous
vous gênons.

    Vous avez penſé que les Anglois ne pouvoient pas faire
leur commerce à Mazulipatam , tant que les François en
ſeroient maîtres ; la Compagnie de France , pour prouver
ſon amour ſincere pour la paix , veut bien s'en déſiſter.

    Nous penſons à notre tour que nous ne pouvons pas
faire un commerce libre à Yanaon tant que vous ſerez
maîtres du paſſage de cette riviere ; il faut bien auſſi que
vous vous en déſiſtiez , ainſi que des nouveaux établiſſemens que vous avez formés par-tout ſur cette côte , &
qui ne peuvent mettre une balance égale dans le commerce qui doit être libre & ouvert à tous. C'eſt ſur ce
principe inconteſtable que j'ai rédigé l'Article qui regarde
cet objet ; peut-être direz-vous que vous avez regardé
Yanaon comme un endroit où il n'y auroit plus per-
ſonne , puiſque les François n'y ont plus habité leur loge ,
& qu'ainſi vous avez pu vous y fixer , vous y aggrandir ,

en un mot , y former tels nouveaux établiſſemens que vous avez jugé à propos. Je répondrai à cela que comme vous avez abandonné votre loge à Mazulipatam & à Naza-pour , nous avons pu nous en rendre maîtres, avec l'agré-ment du Prince ; & que comme vous ne vous êtes pas éta-blis ſur Divy , ſuppoſé que vous ayez eu droit de le faire, il a été libre aux François de s'y établir , fondés ſur-tout ſur une donation authentique du Maître du pays.

Sur l'Article IX.

Les réflexions faites ſur l'Article VIII ſervent de ré-ponſe à celui-ci, & par-tout où les Compagnies cher-chent à former des établiſſemens , il eſt naturel & même juſte d'obſerver qu'ils ne nuiſent pas à ceux qu'elles poſſé-doient avant cette guerre ; mais il leur eſt libre de choiſir l'endroit qui leur couvient le mieux de tous ceux où il n'y a pas à craindre que ceſdits établiſſemens ſe gênent les uns les autres ; ainſi comme les Anglois n'ont conſulté per-ſonne pour former leurs établiſſemens dans tous les en-droits cités dans tous les Articles VIII & IX , il eſt juſte auſſi que la Compagnie de France s'arrange & choiſiſſe ce qui lui conviendra le mieux.

Sur l'Article X.

Ne trouverez-vous pas , Monſieur , que ſe lier les mains pour la poſſeſſion d'aucun autre diſtrict que ceux qui ſe-ront ſpécifiés dans le traité, c'eſt donner trop beau jeu aux autres Nations qui ne ſeront pas tenues à de pareilles con-ditions ? Ne craignez-vous pas que cet aggrandiſſement progreſſif de leur part n'occaſionne de nouveaux troubles ? Il me ſemble qu'il eſt plus naturel de ſtipuler que les Na-tions contractantes ne ſe formeront jamais à l'avenir des établiſſemens qui puiſſent ſe nuire l'un à l'autre , ni don-ner matiere à renouveller les troubles.

Il eſt bien entendu que nulle des deux Nations n'exer-cera ni charge ni dignité au ſervice des Maures , & que fi elle gouverne un pays, ce fera en fon nom, & parce qu'elle en fera propriétaire.

Aucune des deux ne pourra non plus être Collecteur des revenus pour le compte des Princes du pays, mais feulement pour le fien, & dans ce dernier cas il lui fera libre de s'en faire payer fuivant les ufages ordinaires du pays.

Sur l'Article XI.

Puifque vous penfez vous-même, Monfieur, qu'il convient pour le bien général de laifler encore des troupes dans le Dékan, il me paroît que ce qui eft ftipulé dans le premier article, joint à ces réflexions, fufit.

Quand deux parties belligérantes contractent, elles ne peuvent parler que de ce qui les regarde mutuellement; je vous l'ai déja dit, ce n'eft point contre les Anglois que nous portons les armes dans le Dékan, nous ne voulons leur ravir aucunes de leurs poffeffions; le Prince de Dékan nous appelle à fon fecours & nous y allons: demander à préfent que nous le quittions, c'eft lui marquer une foibleffe & une envie de l'abandonner à fes ennemis, qui nous couvriroit de honte aux yeux de toute l'Inde. Si le Prince du Dékan vous appelle à fon fecours, nous ne pouvons nous y oppofer; je ne doute pas de la générofité des Anglois, cependant je ne puis croire que vous faffiez gratuitement cette dépenfe: fi vous en recevez le prix, vous contreviendrez vous-même à votre projet, qui eft de ne point chercher à s'aggrandir de nouveau, ou de ne recueillir aucun revenu; nous fommes à préfent dans une pofition bien différente, nos dépenfes font faites, & il faut que par le traité nous prenions foin de nous en indemnifer pour l'avenir.

Il s'enfuit que fi je demande à ne pas rappeller encore nos Troupes d'auprès du Souba du Dékan, je déclare en même tems que la Compagnie de France renonce pour ce fait à toutes donations nouvelles, & qu'elle n'aura jamais pour objet de profiter de la confiance de ce Prince pour troubler le commerce & l'établiffement des Anglois, ni

la

la volonté de gêner la nomination de Mahamet-Aly, si c'est sur lui que le Souba a jetté les yeux pour en faire le Nabab d'Arcatte. Elle promet même de ne jamais faire aucune tentative directe ou indirecte pour le détruire ou le supplanter.

Après cette explication assez claire de ma part, permettez-moi, Monsieur, de vous en demander une à ce sujet.

Vous dites dans cet article que si le Prince du Dékan se trouvoit obligé à nous demander du secours, on détacheroit un égal nombre de Troupes de chaque Nation, & qu'en ce cas on se soumettroit à sa nomination d'un Souba du Karnatte.

On peut tirer plusieurs conséquences de cette proposition.

1°. Il sembleroit que Mahamet-Aly n'auroit pas encore de droit acquis à la Nababie d'Arcatte ; ainsi votre article huit tomberoit de lui-même.

2°. Que si Salabetzingue ne vous demande pas du secours, vous vous opposeriez à son choix : ainsi il s'ensuivroit une nouvelle guerre.

3°. Que si Salabetzingue vous demande du secours, vous reconnoîtrez le Nabab qu'il nommera, mais vous feriez dépendre votre consentement à cette nomination de la confiance qu'il vous témoigneroit, cela n'est pas juste, parce que je ne vois aucune raison qui nous astreigne à nous soumettre aveuglement à des conditions sur lesquelles nous ne serions pas consultés ; il me paroît que ce qu'on peut faire de mieux en traitant, est qu'aucune des deux parties ne paroisse ni faire la loi ni la recevoir.

LETTRE de Monsieur Godeheu à Monsieur Saunders.

De Pondichery, le 27 Octobre 1754.

Il ne m'est pas difficile de répondre à la Lettre que vous m'avez fait l'honneur de m'écrire le 22 de ce mois, par laquelle vous me demandez quels sont les districts que je prétends réserver pour la Compagnie de France.

d

Je répondrai donc en général à votre demande, que j'entends conferver tout ce que les Anglois ne juſtifieront pas être préjudiciable à leur commerce, dans les endroits où ils ont des établiſſemens, comme il eſt juſte que les Anglois, de leur part, renoncent à ce que la Compagnie de France juſtifiera être nuiſible à ſes intérêts. Sur ce que vous m'avez expoſé, Monſieur, de vos prétentions, je vous ai fait les objections que j'ai cru néceſſaires pour agir ſur le principe ci-deſſus; j'attends donc les vôtres ſur ce que je vous ai dit que je voulois garder, parce qu'aucun de nous n'oubliera ſans doute, que nous devons marcher d'un pas égal.

Vous conviendrez, Monſieur, que c'eſt la ſeule réponſe que je puiſſe faire à une propoſition auſſi générale que la vôtre, parce qu'il eſt ſans exemple, contre toutes les regles & tous les uſages, qu'on renonce à des poſſeſſions & qu'on s'en dépouille ſoi-même ſans une demande préalable & préciſe, appuyée de raiſons qui peuvent engager le poſſeſſeur à en faire le ſacrifice ; je me manquerois à moi-même ſi j'en uſois autrement. Si vous voulez, Monſieur, traiter ſur ce pied, vous aurez lieu de reconnoître que j'agis de bonne foi, & que je ne fais que rechercher ſincèrement ce qui eſt le plus conforme aux principes d'équité, & aux intérêts communs & réciproques des deux Compagnies.

Au reſte, vous n'ignroez pas, Monſieur, quelle eſt l'étendue de nos conceſſions, elles ont été détaillées en Europe à la Compagnie d'Angleterre, & je ſuis perſuadé que vous en êtes inſtruit. Depuis ce tems le Souba du Dékan a donné aux François de nouvelles poſſeſſions, ainſi que vous vous en êtes fait donner de votre côté à Yanaon, & dans le Karnatte ; mais permettez-moi de vous dire que ces détails conviendroient mieux à des conférences, toujours mieux ſuivies, qu'à une correſpondance qui eſt longue, & laiſſe bien des choſes à dire de part & d'autre.

Errata du Mémoire.

PAGE 2, *ligne* 18, faute essentielle de ponctuation. Au lieu de !
lisez ;

Page 6, *lignes* 14 & 15, au lieu de *Compagnie mililaire*, lisez *Compagnie militaire*.

Page 60, *lignes* 1 & 2 *de la notte*, au lieu de *par notre alliance, dans l'immensité de ses projets*, lisez, *par notre alliance, & les Anglois d'un homme qui servoit de prête-nom à M. Dupleix, dans l'immensité de ses projets*.

Même page, *ligne* 1 *de la notte* (1), au lieu de *tort*, lisez *trait*.

Page 115, *ligne* 29, & page 116, *lignes* 4 & 13, au lieu de 13 Octobre, lisez 16 Octobre.

Page 170, *ligne* 27, au lieu de *plus de* 22 *millions*, lisez *près de* 16 *millions*.

Page 215, *ligne* 1 *de la notte*, au lieu de *M. Dupleix*, lisez *M. de Moracin*.

Page 249, *l'avant dernière ligne de la notte*, au lieu de *forcés*, lisez *forcé*.

Page 286, *ligne* 30, au lieu de *les restraindre*, lisez *se restraindre*.

Page 318, *ligne* 1 *notte* (2), au lieu de *on propose*, lisez *on se propose*.